AF756675

www.ingramcontent.com/pod-product-compliance
Lightning Source LLC
LaVergne TN
LVHW050849051026
849532LV00006BA/2177
* 9 7 8 9 3 6 9 0 8 0 2 2 9 *

چاند پھر نکلا

فلمی نغمے

مجروحؔ سلطانپوری

ترتیب و تدوین : اعجاز عبید

© Taemeer Publications LLC

Chaand Phir Nikla (Lyrical Poetry)

by: Majrooh Sultanpuri

Edition: June '2026

Publisher :

Taemeer Publications LLC (Michigan, USA / Hyderabad, India)

ISBN 978-93-6908-022-9

کتاب	:	**چاند پھر نکلا** (فلمی نغمے)
مصنف	:	**مجروح سلطان پوری**
ترتیب / تہذیب	:	**اعجاز عبید**
صنف	:	شاعری
ناشر	:	تعمیر پبلی کیشنز (حیدرآباد، انڈیا)
سالِ اشاعت	:	۲۰۲۶ء
صفحات	:	۲۴۰
سرورق ڈیزائن	:	تعمیر ویب ڈیزائن

Distributed globally through IngramSpark
Printed on demand by Ingram Content Group through regional printing facilities depending on order destination.

فہرست

فلم : پیئنگ گیسٹ

موسیقار : سچن دیو برمن

آواز : لتا

چاند پھر نکلا، مگر تم نہ آئے

جلا پھر میرا دل، کروں کیا میں ہائے

چاند پھر نکلا۔۔۔

یہ رات کہتی ہے وہ دن گئے تیرے

یہ جانتا ہے دل کہ تم نہیں میرے

یہ رات کہتی ہے وہ دن گئے تیرے

یہ جانتا ہے دل کہ تم نہیں میرے

کھڑی ہوں میں پھر بھی نگاہیں بچھائے

میں کیا کروں ہائے کہ تم یاد آئے

چاند پھر نکلا۔۔۔

سلگتے سینے سے دھواں سا اٹھتا ہے

لو اب چلے آؤ کہ دم گھٹتا ہے

سلگتے سینے سے دھواں سا اٹھتا ہے

لو اب چلے آؤ کہ دم گھٹتا ہے

جلا گئے تن کو بہاروں کے سائے

میں کیا کروں ہائے کہ تم یاد آئے

چاند پھر نکلا۔۔۔

***

آواز : آشا بھوسلے، کشور کمار

چھوڑ دو آنچل زمانہ کیا کہے گا

ہاں ہاں ہاں، چھوڑ دو آنچل زمانہ کیا کہے گا

کشور : ہو ہو ہو۔۔ ان اداؤں کا زمانہ بھی ہیں دیوانہ

دیوانہ کیا کہے گا

آشا : چھوڑ دو آنچل زمانہ کیا کہے گا

آشا : میں چلی۔۔۔۔۔

میں چلی اب خوب چھیڑو پیار کے افسانے

کچھ موسم ہے دیوانہ کچھ تم بھی ہو دیوانے

میں چلی اب خوب چھیڑو پیار کے افسانے

کچھ موسم ہے دیوانہ کچھ تم بھی ہو دیوانے

کشور : ذرا سننا جان تمنا

او۔۔ ذرا سننا جان تمنا

اتنا تو سوچ یہ موسم سہانا کیا کہے گا

آشا : ہاں ہاں ہاں چھوڑ دو آنچل زمانہ کیا کہے گا

آشا : یوں نہ دیکھو جاگ جائے پیار کی انگڑائی

یہ رستہ یہ تنہائی لو دل نے ٹھوکر کھائی

یوں نہ دیکھو جاگ جائے پیار کی انگڑائی

یہ رستہ یہ تنہائی لو دل نے ٹھوکر کھائی

کشور : یہی دن ہیں مستی کے سن ہیں

او، یہی دن ہیں مستی کے سن ہیں

کس کو یہ ہوش ہے اپنا بیگانہ کیا کہے گا

آشا : ہاں ہاں ہاں چھوڑ دو آنچل۔۔۔

آشا : یہ بہاریں یہ پھواریں یہ برستا ساون

تھر تھر کانپے ہیں تن من میری.بیاں دھر لو ساجن

یہ بہاریں یہ پھواریں یہ برستا ساون

تھر تھر کانپے ہیں تن من میری.بیاں دھر لو ساجن

کشور : اجی آنا دل میں سمانا

اجی آنا دل میں سمانا

اک دل اک جان ہیں ہم تم زمانہ کیا کہے گا

آشا : ہاں ہاں ہاں چھوڑدو آنچل زمانہ کیا کہے گا

کشور : ہوہوہو۔۔ ان اداؤں کا زمانہ بھی ہیں دیوانہ

آشا : چھوڑدو آنچل زمانہ کیا کہے گا

***

فلم : مسٹر اینڈ مسز ۵۵

موسیقار : او۔ پی۔ نیر

آواز : گیتا دت

ٹھنڈی ہوا، کالی گھٹا، آ ہی گئی جھوم کے

پیار لیئے ڈولے ہنسی ناچے جیا گھوم کے

پیار لیئے ڈولے ہنسی ناچے جیا گھوم کے

ٹھنڈی ہوا، کالی گھٹا،

بیٹھی تھی چپ چاپ یونہی دل کی کلی چن کے میں

بیٹھی تھی چپ چاپ یونہی دل کی کلی چن کے میں

دل نے یہ کیا بات کہی رہ نہ سکی سن کے میں

میں جو چلی۔۔۔

میں جو چلی دل نے کہا اور ذرا جھوم کے

پیار لیئے ڈولے ہنسی ناچے جیا گھوم کے

ٹھنڈی ہوا، کالی گھٹا۔۔۔

آج تو میں اپنی چھبی دیکھ کے شرما گئی

آج تو میں اپنی چھبی دیکھ کے شرما گئی

جانے یہ کیا سوچ رہی تھی کہ ہنسی آ گئی

لوٹ گئی

لوٹ گئی زلف مری ہونٹ مرا چوم کے

پیار لیئے ڈولے ہنسی ناچے جیا گھوم کے

ٹھنڈی ہوا، کالی گھٹا۔۔۔

دل کا ہر ایک تار ہلا چھیڑنے لگی راگنی

دل کا ہر ایک تار ہلا چھیڑنے لگی راگنی

کجرا بھرے نین لیئے بن کے چلوں کامنی

کہہ دو کوئی

کہہ دو کوئی آج گھٹا برسے ذرا جھوم کے

پیار لیئے ڈولے ہنسی ناچے جیا گھوم کے

ٹھنڈی ہوا، کالی گھٹا، آ ہی گئی جھوم کے

پیار لیئے ڈولے ہنسی ناچے جیا گھوم کے

***

فلم : سجاتا

موسیقار : سچن دیو برمن

آوازیں : آشا بھوسلے ، گیتا دت

بچپن کے دن

بچپن کے دن

بچپن کے دن بھی کیا دن تھے

ہائے ہائے

بچپن کے دن بھی کیا دن تھے

اڑتے پھرتے تتلی بن کے

بچپن کے دن بھی کیا دن تھے

اڑتے پھرتے تتلی بن کے

بچپن

وہاں پھرتے تھے ہم پھولوں میں پڑے

جہاں ڈھونڈھتے سب ہمیں چھوٹے بڑے

وہاں پھرتے تھے ہم پھولوں میں پڑے

جہاں ڈھونڈھتے سب ہمیں چھوٹے بڑے

تھک جاتے تھے ہم کلیاں چنتے

بچپن کے دن بھی کیا دن تھے

اڑتے پھرتے تتلی بن کے

بچپن

کبھی روئے تو آپ ہی ہنس دیئے ہم

چھوٹی چھوٹی خوشی چھوٹے چھوٹے وہ غم

ہائے رے ہائے ہائے ہائے ہائے رے ہائے

کبھی روئے تو آپ ہی ہنس دیئے ہم

چھوٹی چھوٹی خوشی چھوٹے چھوٹے وہ غم

ہائے کیا دن تھے وہ بھی کیا دن تھے

بچپن کے دن بھی کیا دن تھے

اڑتے پھرتے تتلی بن کے

بچپن

***

آواز : طلعت محمود

جلتے ہیں جس کے لئے، تیری آنکھوں کے دیئے

ڈھونڈھ لایا ہوں، وہی گیت میں تیرے لئے

جلتے ہیں جس کے لئے

درد بن کے جو میرے دل میں رہا ڈھل نہ سکا

جادو بن کے تیری آنکھوں میں رکا، چل نہ سکا

آج لایا ہوں وہی گیت میں تیرے لئے

جلتے ہیں جس کے لئے

دل میں رکھ لینا اسے ہاتھوں سے یہ چھوٹے نہ کہیں

گیت نازک ہے میرا شیشے سے بھی ٹوٹے نہ کہیں

گنگناؤں گا یہی گیت میں تیرے لئے

جلتے ہیں جس کے لئے

جب تلک نہ یہ تیرے رس کے بھرے ہونٹوں سے ملے

یوں ہی آوارہ پھرے گا یہ تیری زلفوں کے تلے

گائے جاؤں گا یہی گیت میں تیرے لئے

جلتے ہیں جس کے لئے، تیری آنکھوں کے دیئے

ڈھونڈھ لایا ہوں، وہی گیت میں تیرے لئے

جلتے ہیں جس کے لئے

***

آواز : گیتا دت

ہوا دھیرے آنا

نیند بھرے پنکھ لیئے جھولا جھولا جانا

ننھی کلی سونے چلی ہوا دھیرے آنا

نیند بھرے پنکھ لیئے جھولا جھولا جانا

ننھی کلی سونے چلی

چاند کرن سی گڑیا نازوں کی ہے پلی

چاند کرن سی گڑیا نازوں کی ہے پلی

آج اگر چاند نیا آنا میری گلی

گن گن گن گیت کوئی ہولے ہولے گانا

نیند بھرے پنکھ لئے جھولا جھولا جانا

ریشم کی ڈور اگر پیروں کو الجھائے

ریشم کی ڈور اگر پیروں کو الجھائے

گھنگھرو کا دانہ کوئی شور مچا جائے

دانے میرے جاگے تو پھر نندیا تو بہلانا

نیند بھرے پنکھ لئے جھولا جھولا جانا

ننھی کلی سونے چلی ہوا دھیرے آنا

***

فلم : کالاپانی

موسیقار : سچن دیو برمن

آواز : محمد رفیع

ہم۔۔۔آ۔۔۔آ۔۔۔۔

چلے گئے

ہم بے خودی میں تم کو پکارے چلے گئے

ہم۔۔۔

ہم بے خودی میں تم کو پکارے چلے گئے

ساغر میں زندگی کو اتارے چلے گئے

ہم۔۔۔

دیکھا کیے تمہیں ہم، بن کے دیوانا

دیکھا کیے تمہیں ہم، بن کے دیوانا

اترا جو نشہ تو، ہم نے یہ جانا

سارے وہ زندگی کے سہارے چلے گئے

ہم بے خودی میں تم کو پکارے چلے گئے

ہم۔۔۔

تم تو نہ کہو ہم، خود ہی سے کھیلے

تم تو نہ کہو ہم، خود ہی سے کھیلے

ڈوبے نہیں ہم ہی یوں، نشہ میں اکیلے

شیشے میں آپ کو بھی اتارے چلے گئے

ہم بے خودی میں تم کو پکارے چلے گئے

ساگر میں زندگی کو اتارے چلے گئے

ہم۔۔۔

***

آوازیں : محمد رفیع، آشا بھوسلے

آشا : اچھا جی میں ہاری، چلو مان جاؤ نا

رفیع : دیکھی سب کی یاری، میرا دل جلاؤ نا

آشا : اچھا جی میں ہاری، چلو مان جاؤ نا

رفیع : دیکھی سب کی یاری، میرا دل جلاؤ نا

آشا : چھوٹے سے قصور پہ، ایسے ہو خفا

رفیع : روٹھے تو حضور تھے، میری کیا خطا

آشا : چھوٹے سے قصور پہ، ایسے ہو خفا

رفیع : روٹھے تو حضور تھے، میری کیا خطا

آشا : دیکھو دل نہ توڑو

رفیع : چھوڑو ہاتھ چھوڑو

آشا : دیکھو دل نہ توڑو

رفیع : ارے !چھوڑو ہاتھ چھوڑو

آشا : چھوڑ دیا تو ہاتھ ملو گے ، سمجھے ؟

رفیع : اجی سمجھے !

آشا : جیون کے یہ راستے، لمبے ہیں صنم

رفیع : کاٹیں گے یہ زندگی، ٹھوکر کھا کے ہم

آشا : جیون کے یہ راستے، لمبے ہیں صنم

رفیع : کاٹیں گے یہ زندگی، ٹھوکر کھا کے ہم

آشا : او! ظالم ساتھ دے لے

رفیع : اچھے ہم اکیلے

آشا : ظالم ساتھ دے لے

رفیع : ارے اچھے ہم اکیلے

آشا : چار قدم بھی چل نہ سکو گے۔۔۔۔ سمجھے؟

رفیع : ہاں سمجھے!

***

فلم : سی۔ آئی۔ ڈی

موسیقار : او۔ پی۔ نیر

آواز : شمشاد بیگم

کہیں پہ نگاہیں، کہیں پہ نشانہ

جینے دو ظالم، بناؤ نہ دیوانہ

کہیں پہ نگاہیں، کہیں پہ نشانہ

کوئی نہ جانے ارادے ہیں کدھر کے

کوئی نہ جانے ارادے ہیں کدھر کے

مار نہ دینا تیر نظر کا، کسی کے جگر پہ

نازک یہ دل ہے، بچانا ہو بچانا

توبہ جی توبہ، نگاہوں کا مچلنا

دیکھ بھال کے اے دل والو پہلو بدلنا

کافر ادا کی ادا ہے مستانہ

کہیں پہ نگاہیں، کہیں پہ نشانہ

زخمی ہیں تیرے جائیں تو کہاں جائیں

تیرے تیر کے مارے ہوئے دیتے ہیں صدائیں

کر دو جی گھایل تمہارا ہے زمانہ

کہیں پہ نگاہیں، کہیں پہ نشانہ

آیا شکاری، او پنچھی تو سنبھل جا

ایک جال ہے زلفوں کا تو چپکے سے نکل جا

اڑ جا او پنچھی شکاری ہے دیوانہ

کہیں پہ نگاہیں، کہیں پہ نشانہ

***

آوازیں؛ محمد رفیع، آشا بھوسلے

رفیع : لے کے پہلا پہلا پیار

بھر کے آنکھوں میں خمار

جادو نگری سے آیا ہے کوئی جادوگر

لے کے پہلا پہلا پیار۔۔۔

آشا : لے کے پہلا پہلا پیار

بھر کے آنکھوں میں خمار

جادو نگری سے آیا ہے کوئی جادوگر

لے کے پہلا پہلا پیار۔۔۔

آشا : اس کی دیوانی ہائے کہوں کیسے ہو گئی

جادو گر چلا گیا میں تو یہاں کھو گئی

نینا جیسے ہوئے چار

گیا دل کا قرار

جادو نگری سے آیا ہے کوئی جادو گر

لے کے پہلا پہلا پیار

لے کے پہلا پہلا پیار۔۔۔

رفیع : تم نے تو دیکھا ہو گا اس کو ستارو!

آؤ ذرا میرے سنگ مل کے پکارو

دونوں ہو کے بے قرار

ڈھونڈھے تجھ کو میرا پیار

جادو نگری سے آیا ہے کوئی جادوگر

لے کے پہلا پہلا پیار

لے کے پہلا پہلا پیار۔۔۔

آشا: جب سے لگایا تیرے پیار کا کاجل

کالی کالی برہا کی رتیاں ہیں بیکل

آجا من کے شرنگار

کرے بندیا پکار

جادو نگری سے آیا ہے کوئی جادوگر

لے کے پہلا پہلا پیار۔۔۔

رفیع : مکھڑے پہ ڈالے ہوئے زلفوں کی بدلی

چلی بل کھاتی کہاں رک جاؤ پگلی

نینوں والی تیرے دوار

لے کے سپنے ہزار

جادو نگری سے آیا ہے کوئی جادوگر

لے کے پہلا پہلا پیار۔۔۔

آشا : چاہے کوئی چمکے جی چاہے کوئی برسے

بچنا ہے مشکل پیا جادوگر سے

دے گا ایسا منتر مار

آخر ہو گی تیری ہار

جادو نگری سے آیا ہے کوئی جادوگر

لے کے پہلا پہلا پیار۔۔۔

رفیع : سن سن باتیں تیری گوری مسکائی رے

آئی آئی دیکھو دیکھو آئی ہنسی آئی رے

کھلے ہونٹوں پہ بہار

نکلا غصے سے بھی پیار

جادو نگری سے آیا ہے کوئی جادوگر

لے کے پہلا پہلا پیار۔۔۔

***

فلم : آرتی

آوازیں : محمد رفیع، لتا منگیشکر

موسیقار : روشن

رفیع : آپ نے یاد دلایا تو مجھے یاد آیا

کہ مرے دل پہ پڑا تھا کوئی غم کا سایا

آپ نے یاد دلایا۔۔۔۔۔۔۔۔

میں بھی کیا چیز ہوں، کھایا تھا کبھی تیر کوئی

درد اب جا کے اٹھا چوٹ لگے دیر ہوئی

تم کو ہمدرد جو پایا تو مجھے یاد آیا

کہ مرے دل پہ پڑا تھا کوئی غم کا سایا۔۔۔۔۔۔۔

میں زمیں پر ہوں، نہ سمجھا نہ پرکھنا چاہا

آسماں پر یہ قدم جھوم کے رکھنا چاہا

آج جو سر کو جھکایا تو مجھے یاد آیا

کہ میرے دل پہ پڑا تھا کوئی غم کا سایا۔۔۔۔۔۔۔

لتا: میں نے بھی سوچ لیا ساتھ نبھانے کے لئے

دور تک آؤں گی میں تم کو منانے کے لئے

دل نے احساس دلایا تو مجھے یاد آیا

کہ میرے دل پہ پڑا تھا کوئی غم کا سایا۔۔۔۔۔۔۔

رفیع : آپ نے یاد دلایا تو مجھے یاد آیا

کہ مرے دل پہ پڑا تھا کوئی غم کا سایا

آپ نے یاد دلایا۔۔۔۔۔۔۔۔

***

آواز: محمد رفیع

اب کیا مثال دوں میں تمہارے شباب کی

انسان بن گئی ہے کرن ماہتاب کی

اب کیا مثال دوں۔۔۔۔۔۔۔

چہرے میں گھل گیا ہے حسیں چاندنی کا نور

آنکھوں میں ہے چمن کی جواں رات کا سرور

گردن ہے اک جھکی ہوئی ڈالی ۔۔۔ ڈالی گلاب کی

اب کیا مثال دوں میں تمہارے شباب کی

اب کیا مثال دوں۔۔۔۔۔۔۔

گیسو کھلے تو شام کے دل سے دھواں اٹھے

چھولے قدم تو جھک کے نہ پھر آسماں اٹھے

سو بار جھلملائے شمع ۔۔۔۔ شمع آفتاب کی

اب کیا مثال دوں میں تمہارے شباب کی

اب کیا مثال دوں۔۔۔۔۔۔۔۔

دیوار و در کا رنگ، یہ آنچل، یہ پیرہن

گھر کا میرے چراغ ہے بوٹا سا یہ بدن

تصویر ہو تمہیں مرے جنت کے خواب کی

اب کیا مثال دوں میں تمہارے شباب کی

اب کیا مثال دوں۔۔۔۔۔۔۔۔

***

آواز : لتا منگیشکر

کبھی تو ملے گی، کہیں تو ملے گی

بہاروں کی منزل راہی

بہاروں کی منزل راہی ۔۔۔۔۔۔۔۔

لمبی سہی درد کی راہیں دل کی لگن سے کام لے

آنکھوں کے اس طوفاں کو پی جا آہوں کے بادل تھام لے

دور تو ہے پر، دور نہیں ہے

دور تو ہے پر، دور نہیں ہے

نظاروں کی منزل راہی

بہاروں کی منزل راہی ۔۔۔۔۔۔۔۔

آہاہاہا، للا، لاللالا،

مانا کہ ہے گہرا اندھیرا گم ہے ڈگر کی چاندنی

میلی نہ ہو دھندلی پڑے نہ دیکھ نظر کی چاندنی

ڈالے ہوئے ہے، رات کی چادر

ڈالے ہوئے ہے، رات کی چادر

ستاروں کی منزل راہی

بہاروں کی منزل راہی۔۔۔۔۔۔۔۔

***

فلم : باغی

موسیقار : مدن موہن

آواز : لتا منگیشکر

چھیڑیوں کرتی ہے یہ دنیا ترے نام کے ساتھ

ہنس کے لیتی ہے مرا نام ترے نام کے ساتھ

کر کے بدنام میری نیندیں حرام

کہاں چلا گیا تو کہاں چلا گیا

کہاں چلا گیا تو کہاں چلا گیا

کرنے کو باتیں کروں تجھ سے خیالوں میں

پھر بھی نہ مانے دل تو کیا کروں

کب تک بھگویا کروں اشکوں سے پلکیں

کب تک جدائی میں آہیں بھروں

جب سے ہوئی شام مجھے رونے سے کام

کہاں چلا گیا۔۔۔۔۔۔۔۔

تو کہاں چلا گیا۔۔۔

بھٹکے نظر میری بن میں چمن میں

چین میں دل کا کہیں بھی پاؤں نا

دل میں بھڑک چلے شعلے جدائی کے

ہائے انہیں میں کہیں جل جاؤں نا

ہو نہ بدنام کہیں تیرا ہی نام

کہاں چلا گیا۔۔۔۔۔۔۔۔

تو کہاں چلا گیا۔۔۔

***

فلم : 12 او کلاک

موسیقار : او۔ پی۔ نیر

آواز : محمد رفیع

تم جو ہوئے میرے ہمسفر، رستے بدل گئے

لاکھوں دیئے میرے پیار کی، راہوں میں جل گئے

آیا مزہ، لایا نشہ، تیرے لبوں کی بہاروں کا رنگ

موسم جواں، ساتھی حسیں، اس پر نظر کے اشاروں کا رنگ

جتنے بھی رنگ تھے، سب تیری آنکھوں میں ڈھل گئے

لاکھوں دیئے میرے پیار کی، راہوں میں جل گئے۔۔۔۔

کیا منزلیں کیا کارواں ، باہوں میں تیری ہے سارا جہاں

آ جانِ جاں ، چل دیں وہاں ملتے جہاں پہ زمین آسماں

منزل سے بھی کہیں دور ہم ، آگے نکل گئے

لاکھوں دیئے میرے پیار کی ، راہوں میں جل گئے........

***

فلم : آکاش دیپ

آواز : محمد رفیع

موسیقار : چترگپت

مجھے درد دل کا پتہ نہ تھا مجھے آپ کس لئے مل گئے ؟

میں اکیلے یوں ہی مزے میں تھا مجھے آپ کس لئے مل گئے ؟

یوں ہی اپنے اپنے سفر میں گم

کہیں دور میں کہیں دور تم

کہیں دور تم

چلے جارہے تھے جدا جدا مجھے آپ کس لئے مل گئے ؟

میں اکیلے یوں ہی مزے میں تھا مجھے آپ کس لئے مل گئے؟

نہ میں چاند ہوں، کسی شام کا

نہ چراغ ہوں، کسی بام کا

کسی بام کا

میں تو راستے کا ہوں، ایک دیا مجھے آپ کس لئے مل گئے؟

میں اکیلے یوں ہی مزے میں تھا مجھے آپ کس لئے مل گئے؟

مجھے دردِ دل کا پتہ نہ تھا مجھے آپ کس لئے مل گئے؟

***

آواز : محمد رفیع

تجھے کیا سناؤں میں دلربا ترے سامنے مرا حال ہے

تری اک نگاہ کی بات ہے مری زندگی کا سوال ہے

مری ہر خوشی ترے دم سے ہے مری زندگی ترے غم سے ہے

ترے درد سے رہے بے خبر مرے دل کی کب یہ مجال ہے

تجھے کیا سناؤں میں دلربا ترے سامنے مرا حال ہے

ترے حسن پر ہے مری نظر مجھے صبح شام کی کیا خبر

مری شام ہے تری جستجو مری صبح تیرا خیال ہے

تجھے کیا سناؤں میں دلربا ترے سامنے مرا حال ہے

میرے دل جگر میں سما بھی جا، رہے کیوں نظر کا بھی فاصلا

کہ ترے بغیر او جان جاں مجھے زندگی بھی محال ہے

تجھے کیا سناؤں میں دلربا ترے سامنے مرا حال ہے

تری اک نگاہ کی بات ہے مری زندگی کا سوال ہے

***

فلم : آرزو

موسیقار : انل بشواس

آواز : طلعت محمود

اے دل مجھے ایسی جگہ لے چل جہاں کوئی نہ ہو

اپنا پرایا، مہرباں نامہرباں کوئی نہ ہو

اے دل مجھے ایسی جگہ لے چل

جا کر کہیں کھو جاؤں میں، نیند آئے اور سو جاؤں میں

نیند آئے اور سو جاؤں میں

دنیا مجھے ڈھونڈے مگر میرا نشاں کوئی نہ ہو

اے دل مجھے ایسی جگہ لے چل

الفت کا بدلا مل گیا، وہ غم لٹا وہ دل گیا

وہ غم لٹا وہ دل گیا

چلنا ہے سب سے دور دور اب کارواں کوئی نہ ہو

اپنا پرایا مہرباں نا مہرباں کوئی نہ ہو

اے دل مجھے ایسی جگہ لے چل جہاں کوئی نہ ہو

اے دل مجھے ایسی۔۔۔۔

***

آواز: لتا منگیشکر

جانا نہ دل سے دور آنکھوں سے دور جا کے

جانا نہ دل سے دور آنکھوں سے دور جا کے

نازک بہت ہے دیکھو، نازک بہت ہے دیکھو

دل ہو نہ غم سے چور

آنکھوں سے دور جا کے........

فرقت کے رنج سہنا اور منہ سے کچھ نہ کہنا

فرقت کے رنج سہنا اور منہ سے کچھ نہ کہنا

بچھڑے ہیں آج ہم تم، بچھڑے ہیں آج ہم تم

ملنا ہے پھر ضرور

آنکھوں سے دور جا کے۔۔۔۔۔۔۔

الفت کو تم نبھانا مجھ سے نہ روٹھ جانا

الفت کو تم نبھانا مجھ سے نہ روٹھ جانا

مجھ سے نہ روٹھ جانا

مجھ سے نہ روٹھ جانا

ظالم ہے یہ زمانا، ظالم ہے یہ زمانا

دل تو ہے بے قصور

آنکھوں سے دور جا کے۔۔۔۔۔۔۔

***

آواز: لتا منگیشکر

کہاں تک ہم اٹھائیں غم جئیں اب یا کہ مر جائیں

ارے ظالم مقدر یہ بتا دے ہم کدھر جائیں

کہاں تک ہم ---------

ہم ان کا نام لے کر کاٹ دیں گے زندگی اپنی

ہم ان کا نام لے کر کاٹ دیں گے زندگی اپنی

نہ وہ آئیں مگر ملنے کا اک وعدہ تو کر جائیں

نہ وہ آئیں مگر ملنے کا اک وعدہ تو کر جائیں

کہاں تک ہم ---------

پپیہے سے کہو گائے نہ وہ نغمے بہاروں کے

پپیہے سے کہو گائے نہ وہ نغمے بہاروں کے

کہو گلشن اجڑ جائے کہو کلیاں بکھر جائیں

کہو گلشن اجڑ جائے کہو کلیاں بکھر جائیں

کہاں تک ہم -------

***

فلم : ممتا

موسیقار : روشن

آوازیں : لتا منگیشکر، ہیمنت کمار

ہیمنت : چھپا لو یوں دل میں پیار میرا

کہ جیسے مندر میں لو دیئے کی

تم اپنے چرنوں میں رکھ لو مجھ کو

تمہارے چرنوں کا پھول ہوں، میں

لتا : میں سر جھکائے کھڑی ہوں، پریتم

میں سر جھکائے کھڑی ہوں، پریتم

کہ جیسے مندر میں لو دئیے کی

لتا : یہ سچ ہے جینا تھا پاپ تم بن

یہ پاپ میں نے کیا ہے اب تک

ہیمنت : مگر ہے من میں چھبی تمہاری

مگر ہے من میں چھبی تمہاری

کہ جیسے مندر میں لو دئیے کی

لتا : پھر آگ برہا کی مت لگانا

کہ جل کے میں راکھ ہو چکی ہوں

یہ راکھ ماتھے پہ میں نے رکھ لی

یہ راکھ ماتھے پہ میں نے رکھ لی

کہ جیسے مندر میں لو دیئے کی

دونوں : چھپا لو یوں دل میں پیار میرا

کہ جیسے مندر میں لو دیئے کی

***

آواز: لتا منگیشکر

رہیں نہ رہیں ہم، مہکا کریں گے

بن کے کلی، بن کے صبا، باغِ وفا میں۔۔۔

رہیں نہ رہیں ہم۔۔۔

موسم کوئی ہو اس چمن میں، رنگ بن کے رہیں گے اس فضا میں

چاہت کی خوشبو، یوں ہی زلفوں سے اڑے گی، خزاں ہو یا بہاریں

یہیں جھومتے۔۔۔یہیں جھومتے اور

کھلتے رہیں گے، بن کے کلی بن کے صبا باغِ وفا میں

رہیں نہ رہیں ہم۔۔۔

کھوئے ہم ایسے کیا ہے ملنا، کیا بچھڑنا، نہیں ہے، یاد ہم کو

کوچے میں دل کے جب سے آئے، صرف دل کی زمیں ہے، یاد ہم کو

اسی سرزمیں۔۔۔اسی سرزمیں پہ

ہم تو رہیں گے، بن کے کلی بن کے صبا باغِ وفا میں

رہیں نہ رہیں ہم، مہکا کریں گے

بن کے کلی، بن کے صبا، باغِ وفا میں۔۔۔

رہیں نہ رہیں ہم۔۔۔

جب ہم نہ ہوں گے تب ہماری خاک پر تم رکو گے چلتے چلتے

اشکوں سے بھیگی چاندنی میں اک صدا سی سنو گے چلتے چلتے

وہیں پہ کہیں۔۔۔ وہیں پہ کہیں ہم

تم سے ملیں گے، بن کے کلی بن کے صبا باغِ وفا میں۔۔۔

رہیں نہ رہیں ہم، مہکا کریں گے

بن کے کلی، بن کے صبا، باغِ وفا میں۔۔۔

رہیں نہ رہیں ہم۔۔۔

***

اُداس روپ
آوازیں؛ محمد رفیع، سمن کلیان پور

رہیں نہ رہیں ہم، مہکا کریں گے

بن کے کلی، بن کے صبا، باغِ وفا میں۔۔۔

رہیں نہ رہیں ہم۔۔۔

سمن : ہیں خوبصورت یہ نظارے یہ بہاریں ہمارے دم قدم سے

رفیع : زندہ ہوئی ہے پھر جہاں میں آج عشق و وفا کی رسم ہم سے

دونوں : یونہی اس چمن ۔ ۔ ۔ یونہی اس چمن کی

زینت رہیں گے ، بن کے کلی بن کے صبا باغِ وفا میں

رہیں نہ رہیں ہم ۔ ۔ ۔

***

آواز: لتا منگیشکر

رہتے تھے کبھی جن کے دل میں

ہم جان سے بھی پیاروں کی طرح

بیٹھے ہیں انہی کے کوچہ میں

ہم آج گنہگاروں کی طرح

ہم آج گنہگاروں کی طرح

رہتے تھے کبھی جن کے دل میں

دعویٰ تھا جنہیں ہمدردی کا

خود آ کے نہ پوچھا حال کبھی

خود آ کے نہ پوچھا حال کبھی

محفل میں بلایا ہے ہم پہ

محفل میں بلایا ہے ہم پہ

ہنسنے کو ستمگاروں کی طرح

ہنسنے کو ستمگاروں کی طرح

رہتے تھے کبھی جن کے دل میں

برسوں سے سلگتے تن من پر

اشکوں کے تو چھینٹے دے نہ سکے

اشکوں کے تو چھینٹے دے نہ سکے

تپتے ہوئے دل کے زخموں پر

تپتے ہوئے دل کے زخموں پر

برسے بھی تو انگاروں کی طرح

برسے بھی تو انگاروں کی طرح

رہتے تھے کبھی جن کے دل میں

سو روپ دھرے جینے کے لئے

بیٹھے ہیں ہزاروں زہر پیے

بیٹھے ہیں ہزاروں زہر پیے

ٹھوکر نہ لگانا ہم خود ہیں

ٹھوکر نہ لگانا ہم خود ہیں

گرتی ہوئی دیواروں کی طرح

گرتی ہوئی دیواروں کی طرح

رہتے تھے کبھی جن کے دل میں

ہم جان سے بھی پیاروں کی طرح

بیٹھے ہیں انہی کے کوچہ میں

ہم آج گنہگاروں کی طرح

ہم آج گنہگاروں کی طرح

رہتے تھے کبھی جن کے دل میں

***

فلم : اکیلی مت جیئو

موسیقار : مدن موہن

آواز : لتا منگیشکر

وہ جو ملتے تھے کبھی ہم سے دیوانوں کی طرح

آج یوں ملتے ہیں جیسے کبھی پہچان نہ تھی

وہ جو ملتے تھے کبھی

دیکھتے بھی ہیں تو یوں میری نگاہوں میں کبھی

اجنبی جیسے ملا کرتے ہیں راہوں میں کبھی

اس قدر انکی نظر ہم سے تو انجان نہ تھی

وہ جو ملتے تھے کبھی۔۔۔۔۔۔۔

ایک دن تھا کبھی یوں بھی جو مچل جاتے تھے
کھیلتے تھے میری زلفوں سے بہل جاتے تھے
وہ پریشاں تھے میری زلف پریشان نہ تھی
وہ جو ملتے تھے کبھی۔۔۔۔۔۔۔

وہ محبت وہ شرارت مجھے یاد آتی ہے
دل میں اک پیار کا طوفان اٹھا جاتی تھی
تھی مگر ایسی تو الجھن میں میری جان نہ تھی
وہ جو ملتے تھے کبھی۔۔۔۔۔۔۔

***

فلم : انامکا

موسیقار : راہل دیو برمن

آواز : کشور کمار

میری بھیگی بھیگی سی، پلکوں پہ رہ گئے

جیسے میرے سپنے بکھر کے

جلے من تیرا بھی، کسی کے ملن کو

انامکا، تو بھی ترسے

میری بھیگی بھیگی سی۔۔۔۔۔۔۔

تجھے بن جانے، بن پہچانے

میں نے ہردے سے لگایا

پر میرے پیار کے بدلے میں تو نے

مجھ کو یہ دن دکھلایا

جیسے برہا کی رتو میں نے کاٹی

تڑپ کے آہیں بھر بھر کے

جلے من تیرا بھی، کسی کے ملن کو

انا مکا، تو بھی ترسے

میری بھیگی بھیگی سی۔۔۔۔۔۔۔۔

آگ سے ناتا، ناری سے رشتہ

کاہے من سمجھ نہ پایا

مجھے کیا ہوا تھا، اک بے وفا سے

ہائے مجھے کیوں پیار آیا

تیری بیوفائی پہ ہنسے جگ سارا

گلی گلی گزرے جدھر سے

جلے من تیرا بھی، کسی کے ملن کو

انامکا، تو بھی ترسے

میری بھیگی بھیگی سی---------

***

فلم : اردھا نگنی

موسیقار : وسنت دیسائی

آواز : لتا منگیشکر

تیرا خط لے کے صنم پاؤں کہیں رکھتے ہیں ہم

ہوو۔۔۔۔

کہیں پڑتے ہیں قدم، کہیں پڑتے ہیں قدم

تیرا خط لے کے صنم

راز جو اس میں چھپا ہے وہ سمجھتا ہے دل

کیسے بھولے گی یہ خط ہم سے دھڑکتا ہے دل

یہ دل ٹھہرے ، ذرا

نظر ٹھہرے ، ذرا

ہوش میں آلیں ذرا ہم

تیرا خط لے کے صنم

تیرا خط لے کے صنم پاؤں کہیں رکھتے ہیں ہم

ہوو۔۔۔۔

کہیں پڑتے ہیں قدم ، کہیں پڑتے ہیں قدم

تیرا خط لے کے صنم۔۔۔۔۔۔۔۔

اس میں جو بات بھی ہوگی بڑی قاتل ہوگی

آ۔آ۔آ۔

تیری آواز بھی ان باتوں میں شامل ہوگی

یہ دل ٹھہرے، ذرا

نظر ٹھہرے، ذرا

سنے پھر تیری سدا ہم

تیرا نخرا لے کے صنم

تیرا نخرا لے کے صنم --------

تیرا نخرا لے کے صنم پاؤں کہیں رکھتے ہیں ہم

ہوو----

کہیں پڑتے ہیں قدم، کہیں پڑتے ہیں قدم

تیرا نخرا لے کے صنم --------

کیوں نہ پاکر اسے طوفان اٹھے سینہ میں

آ۔آ۔آ~

تیری صورت نظر آتی ہے اس آئنہ میں

یہ دل ٹھہرے، ذرا

نظر ٹھہرے، ذرا

ذرا پھر ہو لے فدا ہم

تیرا خط لے کے صنم ۔۔۔۔۔۔۔۔

***

فلم : بات ایک رات کی

موسیقار : ہیمنت کمار

آوازیں : ہیمنت کمار، سمن کلیان پور

ہیمنت : ہوں ہوں ہوں، ہوں، ہوں ہوں ہوں

مگر لگتا ہے کچھ ایسا، میرا ہمدم مل گیا

نہ تم ہمیں جانو، نہ ہم تمہیں جانیں

مگر لگتا ہے کچھ ایسا، میرا ہمدم مل گیا

نہ تم ہمیں جانو۔۔۔

یہ موسم یہ رات چپ ہے، یہ ہونٹوں کی بات چپ ہے

خاموشی سنانے لگی، ہے داستاں

یہ موسم یہ رات چپ ہے، یہ ہونٹوں کی بات چپ ہے

خاموشی سنانے لگی، ہے داستاں

نظر بن گئی ہے، دل کی زباں

نہ تم ہمیں جانو، نہ ہم تمہیں جانیں

مگر لگتا ہے کچھ ایسا، میرا ہمدم مل گیا

نہ تم ہمیں جانو۔۔۔

ہیمنت : محبت کے موڑ پہ ہم، ملے سب کو چھوڑ کے ہم

دھڑکتے دلوں کا لے کے، یہ کارواں

سمن : : محبت کے موڑ پہ ہم، ملے سب کو چھوڑ کے ہم

دھڑکتے دلوں کا لے کے، یہ کارواں

دونوں : چلے آج دونوں، جانے کہاں

: محبت کے موڑ پہ ہم، ملے سب کو چھوڑ کے ہم

دھڑکتے دلوں کا لے کے، یہ کارواں

***

موسیقار : سچن دیو برمن

آواز : منا ڈے

کس نے۔۔۔۔۔۔۔ چلمن سے مارا

ہائے۔۔۔۔۔۔۔

کس نے چلمن سے مارا

ارے ، نظارا مجھے کس نے چلمن سے مارا

نظارا مجھے کس نے چلمن سے مارا

بکھیرے بال جب وہ

بکھیرے بال جب وہ

بکھیرے با۔۔۔۔۔۔ل، جب وہ

آسمانوں پر گھٹا جھومے

چلے جب

چلے جب، ہائے

چلے جب ناز سے ظالم

قیامت بھی قدم چومے

چلے جب ناز سے ظالم

قیامت بھی قدم چومے

ہا، پگ میں پائل باندھ کے

گھونگھٹ نین جھکائے

بن بادل کی دامنی

بن بادل کی دامنی

چمکت لٹکت جائے

چمکت لٹکت جائے

چمکت لٹکت جائے

پھر نہ دیکھا۔۔۔ہائے

پھر نہ دیکھا، نہ دیکھا، نہ دیکھا،

نہ دیکھا

ارے پھر نہ دیکھا پلٹ کے

دوبارہ مجھے پھر نہ دیکھا پلٹ کے

دوبارہ مجھے کس نے چلمن سے۔۔۔۔۔۔۔ہائے۔۔۔۔۔۔۔

کس نے چلمن سے مارا

سینہ میں دل ہے، دل میں داغ

داغوں میں سوز وساز عشق

سینہ میں دل ہے

ارے واہ! سینہ میں دل ہے

دل میں داغ

داغوں میں سوز وساز عشق

پردہ بہ پردہ ہے پنہاں

پردہ نشیں کا راز عشق

پردہ بہ پردہ

ارے واہ! پردہ بہ پردہ

واہ واہ! پردہ بہ پردہ

ارے مولاہ! پردہ بہ پردہ

پردہ بہ پردہ ہے پنہاں

پردہ نشیں کا راز عشق

جتن ملن کا جب کرو

نام پتہ جب ہوئے

ایک جھلک بس

ایک جھلک دکھلائے کے کر گئی پاگل موئے

کر گئی پاگل موئے!

کر گئی پاگل موئے!!

کر گئی پاگل موئے!!!

میرے دل، میرے دل، میرے دل

ارے!!

***

فلم : ابھلاشا

آواز : محمد رفیع

موسیقار : راہل دیو برمن

وادیاں میرا دامن، راستے میری باہیں

جاؤ میرے سوا، تم کہاں جاؤ گے

وادیاں میرا دامن۔۔۔

جب چراؤ گے تن تم کسی بات سے

شاخ گل چھوڑ دو گی میرے ہاتھ سے

اپنی ہی زلف کو اور الجھاؤ گے

وادیاں میرا دامن۔۔۔

جب سے ملنے لگی تم سے راہیں میری

چاند سورج بنیں دو نگاہیں میری

تم کہیں بھی رہو، تم نظر آؤ گے

وادیاں میرا دامن، راستے میری باہیں

جاؤ میرے سوا، تم کہاں جاؤ گے

وادیاں میرا دامن۔۔۔

***

فلم : بمبئی کا بابو

موسیقار : سچن دیو برمن

آواز : محمد رفیع

ساتھی نہ کوئی منزل

دیا ہے نہ کوئی محفل

چلا مجھے لے کے اے دل، اکیلا کہاں۔۔۔

ساتھی نہ کوئی منزل

ہمدم کوئی ملے کہیں

ایسے نصیب ہی نہیں

بیدرد ہے زمیں دور آسماں۔۔۔

ساتھی نہ کوئی منزل

دیا ہے نہ کوئی محفل

چلا مجھے لے کے اے دل، اکیلا کہاں۔۔۔

گلیاں ہیں اپنے دیس کی

پھر بھی ہیں جیسے اجنبی

کس کو کہے کوئی اپنا یہاں۔۔۔

ساتھی نہ کوئی منزل

دیا ہے نہ کوئی محفل

چلا مجھے لے کے اے دل، اکیلا کہاں۔۔۔

پتھر کے آشنا ملے

پتھر کے دیوتا ملے

شیشے کا دل لئے، جاؤں کہاں۔۔۔

ساتھی نہ کوئی منزل

دیا ہے نہ کوئی محفل

چلا مجھے لے کے اے دل، اکیلا کہاں۔۔۔

***

آواز: مکیش

چل ری سجنی اب کیا سوچے

چل ری سجنی اب کیا سوچے

کجرا نہ بہہ جائے روتے روتے

چل ری سجنی اب کیا سوچے

بابل پچھتائے ہاتھوں کو مل کے

کاہے دیا پردیس ٹکڑے کو دل کے

بابل پچھتائے ہاتھوں کو مل کے

کاہے دیا پردیس ٹکڑے کو دل کے

آنسو لیئے، سوچ رہا، دور کھڑا رے

چل ری سجنی اب کیا سوچے

ممتا کا آنگن، گڑیوں کا کنگنا

چھوٹی بڑی سکھیاں، گھر گلی انگنا

چھوٹ گیا، چھوٹ گیا، چھوٹ گیا رے

چل ری سجنی اب کیا سوچے

دلہن بن کے گوری کھڑی ہے

کوئی نہیں اپنا کیسی گھڑی ہے

دلہن بن کے گوری کھڑی ہے

کوئی نہیں اپنا کیسی گھڑی ہے

کوئی یہاں، کوئی وہاں، کوئی کہاں رے

چل ری سجنی اب کیا سوچے

کجرا نہ بہہ جائے روتے روتے

چل ری سجنی اب کیا سوچے

***

فلم : بٹوارہ

موسیقار : ایس مدن

آوازیں : محمد رفیع، آشا بھوسلے

یہ رات یہ فضائیں پھر آئیں یا نہ آئیں

آؤ شمع بجھا کے ہم آج دل جلائیں

ہم آج دل جلائیں

یہ نرم سی خاموشی یہ ریشمی اندھیرا

کہتا ہے زلف کھولو رک جائے گا سویرا

جگنو سے مل کے چمکے تارے سے جھلملائیں

آؤ شمع بجھا کے ہم آج دل جلائیں

ہم آج دل جلائیں۔۔۔

بھیگی ہوئی ہوائیں اب رات ڈھل رہی ہے

ایسے میں دو دلوں کی اک شمع جل رہی ہے

یہ پیار کا اجالا مل کے امر بنائیں

آؤ شمع بجھا کے ہم آج دل جلائیں

ہم آج دل جلائیں

***

فلم : چلتی کا نام گاڑی

موسیقار : سچن دیو برمن

آواز : کشور کمار

اک لڑکی بھیگی بھاگی سی

سوتی راتوں کو جاگی سی

ملی اک اجنبی سے

کوئی آگے نہ پیچھے

تم ہی کہو یہ کوئی بات ہے

ہوں ۔ ۔ ۔ ۔

ہوں ۔ ۔ ۔

دل ہی دل میں جلی جاتی ہے

بگڑی بگڑی چلی آتی ہے

مچلی مچلی گھر سے نکلی

پگلی سی کالی رات میں

ملی اک اجنبی سے

کوئی آگے نہ پیچھے

تم ہی کہو یہ کوئی بات ہے

ہوں۔۔۔ ہوں۔۔۔

اک لڑکی۔۔۔

ڈگ مگ ڈگ مگ لہکی لہکی

بھولی بھٹکی بہکی بہکی

بل کھاتی ہوئی، اٹھلاتی ہوئی

ساون کی سونی رات میں

ملی اک اجنبی سے

کوئی آگے نہ پیچھے

تم ہی کہو یہ کوئی بات ہے

ہوں۔۔ہوں۔۔۔

اک لڑکی۔۔۔

تن بھیگا ہے سر گیلا ہے

اس کا کوئی پیچ بھی ڈھیلا ہے

تنتی جھکتی

چلتی رکتی

نکلی اندھیری رات میں

ملی اک اجنبی سے

کوئی آگے نہ پیچھے

تم ہی کہو یہ کوئی بات ہے

ہوں۔۔ہوں۔۔۔

اک لڑکی بھیگی بھاگی سی۔۔۔

***

فلم : چراغ

موسیقار : مدن موہن

آواز : محمد رفیع، لتا منگیشکر

رفیع : تیری آنکھوں کے سوا دنیا میں رکھا کیا ہے

یہ اٹھیں صبح چلے، یہ جھکیں شام ڈھلے

میرا جینا میرا مرنا انہیں پلکوں کے تلے

تیری آنکھوں کے سوا دنیا میں رکھا کیا ہے

پلکوں کی گلیوں میں چہرے بہاروں کے ہنستے ہوئے

ہیں میرے خوابوں کے کیا کیا نگران میں بستے ہوئے

یہ اٹھیں صبح چلے، یہ جھکیں شام ڈھلے

میرا جینا میرا مرنا انہیں پلکوں کے تلے

تیری آنکھوں کے سوا دنیا میں رکھا کیا ہے

ان میں میرے آنے والے زمانے کی تصویر ہے

چاہت کے کاجل سے لکھی ہوئی میری تقدیر ہے

یہ اٹھیں صبح چلے، یہ جھکیں شام ڈھلے

میرا جینا میرا مرنا انہیں پلکوں کے تلے

تیری آنکھوں کے سوا دنیا میں رکھا کیا ہے

**

لتا : ٹھوکر جہاں میں نے کھائی انہوں نے پکارا مجھے

یہ ہمسفر ہیں تو کافی ہے ان کا سہارا مجھے

یہ اٹھیں صبح چلے، یہ جھکیں شام ڈھلے

میرا جینا میرا مرنا انہیں پلکوں کے تلے

تیری آنکھوں کے سوا دنیا میں رکھا کیا ہے

یہ ہوں کہیں ان کا سایہ میرے دل سے جاتا نہیں

ان کے سوا اب تو کچھ بھی نظر مجھ کو آتا نہیں

یہ اٹھیں صبح چلے، یہ جھکیں شام ڈھلے

میرا جینا میرا مرنا انہیں پلکوں کے تلے

تیری آنکھوں کے سوا دنیا میں رکھا کیا ہے

***

فلم : انداز

موسیقار : نوشاد

آواز : لتا منگیشکر

کوئی میرے دل میں خوشی بن کے آیا

اندھیرا تھا گھر، روشنی بن کے آیا

کوئی میرے دل میں

کوئی میرے دل میں۔۔۔

دھڑکتا ہے دل جاگ اٹھی ہیں امنگیں

محبت کی وہ زندگی بن کے آیا

کوئی میرے دل میں

کوئی میرے دل میں۔۔۔

محبت نے چھیڑا ہے سازِ دل کا

وہ ہر تار کی راگنی بن کے آیا

کوئی میرے دل میں

کوئی میرے دل میں۔۔۔

سمایا تھا دل میں جو اک درد بن کر

وہ ہونٹوں پہ میری ہنسی بن کے آیا

کوئی میرے دل میں

کوئی میرے دل میں۔۔۔

***

آواز : مکیش

ہم آج کہیں دل کھو بیٹھے

یوں سمجھو کسی کے ہو بیٹھے

ہم آج کہیں۔۔۔۔۔۔۔۔

ہر دم جو کوئی پاس آنے لگا

بھید الفت کے سمجھانے لگا

نظروں سے نظر کا ٹکرانا

تھا دل کے لئے اک افسانہ

ہم ہاتھوں سے دل کو گنوا بیٹھے

ہم آج کہیں۔۔۔۔۔۔۔۔

آنکھوں میں سمایا کوئی مگر

کون آیا کسی کو کیا یہ خبر

پوچھو تو یہی ہے اسکا پتا

چنچل نینا اور شوخ ادا

ہم دل کی نیا ڈبو بیٹھے

ہم آج کہیں۔۔۔۔۔۔۔۔

***

آواز : مکیش

جھوم جھوم کے ناچو آج گاؤ آج گاؤ خوشی کے گیت

ہو۔۔۔۔

گاؤ خوشی کے گیت

ہو۔۔۔

آج کسی کی ہار ہوئی ہے، آج کسی کی جیت

ہو۔۔۔

گاؤ خوشی کے گیت

ہو۔۔۔۔

جھوم جھوم کے۔۔۔۔۔۔۔

کوئی کسی کی، آنکھ کا تارہ

جیون ساتھی، ساجن پیارا

اور کوئی تقدیر کا مارا

ڈھونڈھ رہا ہے دل کا سہارا

کسی کو دل کا درد ملا ہے، کسی کو من کا میت

ہو۔۔

گاؤ خوشی کے گیت

ہو۔۔۔۔

جھوم جھوم کے۔۔۔۔۔۔۔

دیکھو تو کتنا، خوش ہے زمانا

دل میں ترنگیں لب پہ ترانہ

دل جو دکھے آنسو نہ بہانا

یہ تو یہاں کا ڈھنگ پرانا

اس کو مٹانا اس کو بنانا، اس نگری کی ریت

ہو۔۔۔۔

گاؤ خوشی کے گیت

ہو۔۔۔۔

جھوم جھوم کے۔۔۔۔۔۔۔

***

فلم : دادی ماں

موسیقار : روشن

آوازیں؛ منا ڈے ، میہندر کپور

مہیندر : ہم نے کبھی اس کو نہیں دیکھا

پر اس کی ضرورت کیا ہوگی

دونوں : اے ماں ، اے ماں تری صورت سے الگ

بھگوان کی صورت کیا ہوگی ، کیا ہوگی

ہم نے کبھی اس کو نہیں دیکھا۔۔۔

منا ڈے : انسان تو کیا دیوتا بھی

آنچل میں پلے تیرے

ہے سورگ اسی دنیا میں

قدموں کے تلے تیرے

ممتا ہی لٹائے جس کے نین، ہو۔۔۔

دونوں : ممتا ہی لٹائے جس کے نین

اے ماں، اے ماں تری صورت سے الگ

بھگوان کی صورت کیا ہوگی، کیا ہوگی

ہم نے کبھی اس کو نہیں دیکھا۔۔۔

مہیندر : کیوں دھوپ جلائے دکھوں کی

کیوں غم کی گھٹا برسے

یہ ہاتھ دعاؤں والے

رہتے ہیں سدا سر پہ

تو ہے تو اندھیرے پتھ میں ہمیں، ہو۔۔۔

دونوں : تو ہے تو اندھیرے پتھ میں ہمیں

سورج کی ضرورت کیا ہوگی

اے ماں، اے ماں تری صورت سے الگ

بھگوان کی صورت کیا ہوگی، کیا ہوگی

ہم نے کبھی اس کو نہیں دیکھا۔۔۔

دونو : کہتے ہیں تیری شان میں جو

کوئی اونچے بول نہیں

بھگوان کے پاس بھی ماتا

تیرے پیار کا مول نہیں

ہم تو یہی جانیں تجھ سے بڑی، ہو۔۔۔

ہم تو یہی جانیں تجھ سے بڑی

سنسار کی دولت کیا ہوگی

اے ماں، اے ماں تیری۔۔۔

***

فلم : دل دے کے دیکھو

موسیقار : اوشا کھنا

آواز : محمد رفیع

ہم اور تم اور یہ سماں

کیا نشہ نشہ سا ہے

بولیے نہ بولیے

سب سنا سنا سا ہے

ہم اور تم اور یہ سماں

کیا نشہ نشہ سا ہے

آج بات بات پہ

آپ کیوں مچلنے لگے

تھرتھرائے ہونٹ کیوں

اشک کیوں مچلنے لگے

لپٹے گیسو کھلنے لگے

لپٹے گیسو کھلنے لگے

ہم اور تم اور یہ سماں

کیا نشہ نشہ سا ہے

بے قرار سے ہو کیوں

ہم کو پاس آنے بھی دو

گر پڑا جو ہاتھ سے

وہ رومال اٹھانے بھی دو

بنتے کیوں ہو جانے بھی دو

بنتے کیوں ہو جانے بھی دو

ہم اور تم اور یہ سماں

کیا نشہ نشہ سا ہے

***

فلم : باز

موسیقار : او۔ پی۔ تیر

آواز : طلعت محمود

مجھے دیکھو حسرت کی تصویر ہوں میں

جو بن بن کے بگڑی وہ تقدیر ہوں میں

مجھے دیکھو حسرت کی تصویر ہوں میں

گرا جو زمیں پر میں ہوں، اک وہ آنسو

ملی خاک میں ایسی تدبیر ہوں میں

مجھے دیکھو حسرت کی تصویر ہوں میں

نہایا ہوا ہوں خود اپنے لہو میں

مگر پھر بھی بیرنگ تصویر ہوں میں

مجھے دیکھو حسرت کی تصویر ہوں میں

چلا میں تو اہلِ وطن خوش رہو تم

رہو خوش رہو تم

نہ بیٹھا نشانے پہ وہ تیر ہوں میں

مجھے دیکھو حسرت کی تصویر ہوں میں

***

فلم : دلّی کا ٹھگ

موسیقار : روی

آوازیں : کشور کمار، آشا بھوسلے

کشور : یہ راتیں، یہ موسم، ندی کا کنارا، یہ چنچل ہوا

آشا : کہا دو دلوں نے، کہ مل کر کبھی ہم، نہ ہوں گے جدا

(دونوں) : یہ راتیں، یہ موسم، ندی کا کنارا، یہ چنچل ہوا

آشا : یہ کیا بات ہے آج کی چاندنی میں

یہ کیا بات ہے آج کی چاندنی میں

کہ ہم کھو گئے پیار کی راگنی میں

کشور : یہ بانہوں میں بانہیں، یہ بہکی نگاہیں

لو آنے لگا زندگی کا مزہ

(دونوں) : یہ راتیں، یہ موسم، ندی کا کنارا، یہ چنچل ہوا

کشور : ستاروں کی محفل نے کر کے اشارہ

کشور : ستاروں کی محفل نے کر کے اشارہ

کہا اب تو سارا جہاں ہے تمہارا

آشا : محبت جواں ہو، کھلا آسماں ہو

کرے کوئی دل آرزو اور کیا

(دونوں) : یہ راتیں، یہ موسم، ندی کا کنارا، یہ چنچل ہوا

آشا : قسم ہے تمہیں تم اگر مجھ سے روٹھے

آشا : قسم ہے تمہیں تم اگر مجھ سے روٹھے

کشور : رہے سانس جب تک ، یہ بندھن نہ ٹوٹے

آشا : تمہیں دل دیا ہے ، یہ وعدہ کیا ہے

صنم میں تمہاری رہوں گی سدا

کشور : یہ راتیں ، یہ موسم ، ندی کا کنارا ، یہ چنچل ہوا

(دونوں) : کہا دو دلوں نے ، کہ مل کر کبھی ہم ، نہ ہوں گے جدا

(دونوں) : یہ راتیں ، یہ موسم ، ندی کا کنارا ، یہ چنچل ہوا

***

فلم : دوستی

موسیقار : لکشمی کانت، پیارے لال

آواز : محمد رفیع

مرا تو جو بھی قدم ہے، وہ تیری راہ میں ہے

کہ تو کہیں بھی رہے تو میری نگاہ میں ہے

مرا تو جو بھی قدم ہے، وہ تیری راہ میں ہے

کھرا ہے درد کا رشتہ تو پھر جدائی کیا

جدا تو ہوتے ہیں وہ، کھوٹ جن کی چاہ میں ہے

مرا تو جو بھی قدم ہے، وہ تیری راہ میں ہے

چھپا ہوا سا مجھی میں ہے تو کہیں اے دوست

مری ہنسی میں نہیں ہے، تو میری آہ میں ہے

مرا تو جو بھی قدم ہے، وہ تیری راہ میں ہے

***

آواز : محمد رفیع

کوئی جب راہ نہ پائے، مرے سنگ آئے

کہ پگ پگ دیپ جلائے، میری دوستی میرا پیار

میری دوستی میرا پیار

جیون کا یہی ہے دستور

پیار بنا اکیلا مجبور

دوستی کو مانیں تو سب دکھ دور

کوئی کاہے ٹھوکر کھائے، مرے سنگ آئے

کہ پگ پگ دیپ جلائے، میری دوستی میرا پیار

میری دوستی میرا پیار

دونوں کے ہیں روپ ہزار

پر میری سنے جو سنسار

دوستی ہے بھائی تو بہنا ہے پیار

کوئی مت چین چرائے، مرے سنگ آئے

کہ پگ پگ دیپ جلائے، میری دوستی میرا پیار

میری دوستی میرا پیار

پیار کا ہے پیار ہی نام

کہیں میرا کہیں گھنشیام

دوستی کا یارو نہیں کوئی دام

کوئی کہیں دور نہ جائے، مرے سنگ آئے...

کہ پگ پگ دیپ جلائے، میری دوستی میرا پیار

میری دوستی میرا پیار

***

آواز : محمد رفیع

جانے والو ذرا، مڑ کے دیکھو مجھے

ایک انسان ہوں، میں تمہاری طرح

ایک انسان ہوں، میں تمہاری طرح

جانے والو ذرا

جس نے سب کو رچا، اپنے ہی روپ سے

جس نے سب کو رچا، اپنے ہی روپ سے

اس کی پہچان ہوں، میں تمہاری طرح

جانے والوں ذرا۔۔۔

اس انوکھے جگت کی میں تقدیر ہوں

اس انوکھے جگت کی میں تقدیر ہوں

میں ودھاتا کے ہاتھوں کی تصویر ہوں،

ایک تصویر ہوں،

اس جہاں کے لئے، دھرتی ماں کے لئے

شوکا وردان ہوں،، میں تمہاری طرح

جانے والوں ذرا۔۔۔

من کے اندر چھپائے ملن کی لگن

من کے اندر چھپائے ملن کی لگن

اپنے سورج سے ہوں، ایک بچھڑی کرن

ایک بچھڑی کرن

پھر رہا ہوں، بھٹکتا، میں یہاں سے وہاں

اور پریشان ہوں،، میں تمہاری طرح

جانے والوں ذرا۔۔۔

میرے پاس آؤ چھوڑو یہ سارا بھرم

میرے پاس آؤ چھوڑو یہ سارا بھرم

جو مرا دکھ وہی ہے تمہارا بھی غم

ہے تمہارا بھی غم

دیکھتا ہوں، تمھیں، جانتا ہوں تمھیں

لاکھ انجان ہوں، میں تمہاری طرح

جانے والو ذرا، مڑ کے دیکھو مجھے

ایک انسان ہوں، میں تمہاری طرح

ایک انسان ہوں، میں تمہاری طرح

جانے والو ذرا

***

فلم : ایک نظر

موسیقار : لکشمی کانت پیارے لال

آواز : لتا منگیشکر

ہمیں کریں کوئی صورت انہیں بلانے کی

سنا ہے ان کو تو عادات ہے بھول جانے کی

ہمیں کریں کوئی صورت

ہمیں کریں کوئی صورت

ہمیں کریں کوئی صورت انہیں بلانے کی

سنا ہے ان کو تو عادات ہے بھول جانے کی

جفا کے ذکر پہ تم کیوں سنبھل کے بیٹھ گئے

جفا کے ذکر پہ تم کیوں سنبھل کے بیٹھ گئے

تمہاری بات نہیں

تمہاری بات نہیں بات ہے زمانے کی

ہمیں کریں کوئی صورت انہیں بلانے کی

سنا ہے ان کو تو عادات ہے بھول جانے کی

جو غم ستائیں تو کترا کے اس طرح سے نہ جا

نگاہِ نازیہ باتیں

نگاہِ نازیہ باتیں ہیں دل دکھانے کی

ہمیں کریں کوئی صورت انہیں بلانے کی

سنا ہے ان کو تو عادات ہے بھول جانے کی

***

فلم : میرے صنم

موسیقار : او۔ پی۔ نیر

آواز : محمد رفیع

ٹکڑے ہیں مرے دل کے ، اے یار تیرے آنسو

دیکھے نہیں جاتے ہیں ، دل دار ترے آنسو

دیکھے نہیں جاتے ہیں ، دل دار ترے آنسو

ٹکڑے ہیں مرے دل کے

قطرے نہیں چھلکے یہ ، آنکھوں کے پیالوں سے

موتی ہیں محبت کے ، ان پھول سے گالوں پہ ،

ان پھول سے گالوں پہ

بہنے نہیں دوں گا میں بیکار ترے آنسو

دیکھے نہیں جاتے ہیں، دل دار ترے آنسو

ٹکڑے ہیں مرے دل کے

اشکوں سے بھرا دیکھوں کیسے تری آنکھوں کو

اے جاں یہ سلگتا غم، دے دے میری آنکھوں کو

دے دے میری میری آنکھوں کو

پلکوں پہ اٹھالوں گا، سو بار ترے آنسو

دیکھے نہیں جاتے ہیں، دل دار ترے آنسو

ٹکڑے ہیں مرے دل کے

***

آو3از : محمد رفیع

پکارتا چلا ہوں میں

گلی گلی بہار کی

بس ایک چھاؤں زلف کی

بس اک نگاہ پیار کی

پکارتا چلا ہوں میں

گلی گلی بہار کی

یہ دل لگی یہ شوخیاں سلام کی

یہی تو بات ہو رہی ہے کام کی

کوئی تو مڑ کے دیکھ لے گا اس طرف

کوئی نظر تو ہوگی میرے نام کی

پکارتا چلا ہوں میں

گلی گلی بہار کی

سنی میری سدا تو کس یقین سے

گھٹا اتر کے آ گئی زمین پہ

رہی یہی لگن تو اے دل جواں

اثر بھی ہو رہے گا اک حسین پہ

پکارتا چلا ہوں میں

گلی گلی بہار کی

بس ایک چھاؤں زلف کی

بس اک نگاہ پیار کی

پکارتا چلا ہوں میں

***

فلم : دستک

موسیقار : مدن موہن

آواز : لتا منگیشکر

ہم ہیں متاعِ کوچہ و بازار کی طرح

ہم ہیں متاعِ کوچہ و بازار کی طرح

اٹھتی ہے ہر نگاہ خریدار کی طرح

ہم ہیں متاعِ کوچہ و بازار کی طرح

وہ تو کہیں ہیں اور مگر دل کے آس پاس

مگر دل کے آس پاس

پھرتی ہے کوئی شہ نگہِ یار کی طرح

ہم ہیں متاعِ کوچہ و بازار کی طرح

مجروح لکھ رہے ہیں وہ اہلِ وفا کا نام

اہلِ وفا کا نام

ہم بھی کھڑے ہوئے ہیں گنہگار کی طرح

ہم ہیں متاعِ کوچہ و بازار کی طرح

***

آواز: محمد رفیع

تم سے کہوں اک بات پروں سی ہلکی ہلکی

ہلکی ہلکی۔۔۔

رات مری ہے چھاؤں تمہارے ہی آنچل کی

ہلکی ہلکی۔۔۔۔

سوئی گلیاں بانہہ پسارے آنکھیں میچے

سوئی گلیاں بانہہ پسارے آنکھیں میچے

میں دنیا سے دور گھنی پلکوں کے نیچے

دیکھوں چلتے خواب لکیروں پر کاجل کی

تم سے کہوں اک بات پروں سی ہلکی ہلکی

ہلکی ہلکی۔۔۔

دھندلی دھندلی رین ملن کا بستر جیسے

دھندلی دھندلی رین ملن کا بستر جیسے

کھلتا چھپتا چاند سیج کے اوپر جیسے

چلتی پھرتی کھاٹ ہواؤں پر بادل کی

تم سے کہوں اک بات پروں سی ہلکی ہلکی

ہلکی ہلکی۔۔۔

ہے بھیگا سا جسم تمہارا ان ہاتھوں میں

ہے بھیگا سا جسم تمہارا ان ہاتھوں میں

باہر نیند بھرا پنچھی بھیگی شاخوں میں

اور برکھا کی بوند بدن سے ڈھلکی ڈھلکی

تم سے کہوں اک بات پروں سی ہلکی ہلکی

ہلکی ہلکی۔۔۔

***

فلم : ایک راز

موسیقار : چترگپت

آواز : لتا منگیشکر

اٹھے گی تمہاری نظر دھیرے دھیرے

اٹھے گی تمہاری نظر دھیرے دھیرے

محبت کرے گی اثر دھیرے دھیرے

اٹھے گی تمہاری نظر دھیرے دھیرے

یہ مانا خلش ہے ابھی ہلکی ہلکی

خبر بھی نہیں ہے تم کو مرے درد دل کی

کہ برہو رہے گی مگر دھیرے دھیرے

اٹھے گی تمہاری نظر دھیرے دھیرے

ملے گا جو کوئی حسیں چپکے چپکے

مری یاد آجائے گی وہیں چپکے چپکے

ستائے گا درد جگر دھیرے دھیرے

اٹھے گی تمہاری نظر دھیرے دھیرے

سلگتے ہیں کب سے اسی چاہ میں ہم

پڑے ہیں نگاہیں ڈالے اسی راہ میں ہم

کہ آؤ گے تم بھی ادھر دھیرے دھیرے

اٹھے گی تمہاری نظر دھیرے دھیرے

***

فلم : گنگا کی لہریں

موسیقار : چترگپت

آوازیں ؛ لتا منگیشکر، کشور کمار

لتا : چھیڑو نا میری زلفیں، سب لوگ کیا کہیں گے

سب لوگ کیا کہیں گے

کشور : ہم کو دیوانہ تم کو کالی گھٹا کہیں گے

کالی گھٹا کہیں گے

لتا : آتی ہے شرم ہم کو، روکو یہ پیاری باتیں

جو تم کو جانتے ہیں، وہ جانتے ہیں تمہاری باتیں

کشور : تم کہہ لو شرم اس کو، ہم تو ادا کہیں گے

ہم تو ادا کہیں گے

لتا : چھیڑو نا میری زلفیں

کشور : میں پیار ہوں، تمہارا، میرا سلام لے لو

تم اس کو پیار سمجھو، تم اس کو چاہت کا نام دے لو

لتا : لیکن زمانے والے اس کو خطا کہیں گے

اس کو خطا کہیں گے

چھیڑو نا میری زلفیں

لتا : توبہ تری نظر کے مستی بھرے اشارے

دیکھیں گے ہم کو تم کو، تو مسکرا کے یہ سب نظارے

الفت میں دو دلوں کو بہکا ہوا کہیں گے

بہکا ہوا کہیں گے

لتا : چھیڑو نا میری زلفیں، سب لوگ کیا کہیں گے

سب لوگ کیا کہیں گے

کشور : ہم کو دیوانہ تم کو کالی گھٹا کہیں گے

کالی گھٹا کہیں گے

***

فلم : گیارہ ہزار لڑکیاں

موسیقار : این دتا

آوازیں؛ محمد رفیع، آشا بھوسلے

رفیع : دل کی تمنا تھی مستی میں منزل سے بھی دور نکلتے

اپنا بھی کوئی ساتھی ہوتا، ہم بھی بہکتے چلتے چلتے

دل کی تمنا تھی مستی میں۔۔۔

آشا : ہوتے کہیں ہم اور تم، خوابوں کی رنگین وادی میں گم

ہوتے کہیں ہم اور تم، خوابوں کی رنگین وادی میں گم

رفیع : پھر ان خوابوں کی وادی سے، اٹھتے آنکھیں ملتے ملتے

دل کی تمنا تھی مستی میں۔۔۔

رفیع : ہنستی زمیں، گاتے قدم، چلتے نظارے، چلتے جو ہم

ہنستی زمیں، گاتے قدم، چلتے نظارے، چلتے جو ہم

آشا : رکتے ہم تو رک جاتا، ڈھلتا سورج ڈھلتے ڈھلتے

رفیع : دل کی تمنا تھی مستی میں منزل سے بھی دور نکلتے

اپنا بھی کوئی ساتھی ہوتا، ہم بھی بہکتے چلتے چلتے

رفیع : ساتھی ملا، یوں تو مگر، رستے میں تھا چاندی کا نگر

ساتھی ملا، یوں تو مگر، رستے میں تھا چاندی کا نگر

چاندی کی نگری بھائی اسے ہم، رہ گئے آنکھیں ملتے ملتے

دل کی تمنا تھی مستی میں۔۔۔

یادوں کی دھول آنکھوں میں ہے، دامن کی حسرت ہاتھوں میں ہے

یادوں کی دھول آنکھوں میں ہے، دامن کی حسرت ہاتھوں میں ہے

خوابوں کے ویرانے میں تنہا، تھک گیا راہی چلتے چلتے

***

فلم : ہیر

موسیقار : انل بشواس

آوازیں : محمد رفیع، آشا بھوسلے

لے جا اس کی دعائیں وہ جو تیرا ہو نہ سکا

اپنی جاتی بہاروں سے گلے مل کے رو نہ سکا

لے جا اس کی دعائیں۔۔۔

رفیع : کن اداؤں سے تیری سواری چلی

جیسے گلشن سے بادِ بہاری چلی

خون ارماں کی مہندی رچائے ہوئے

بن کے دلہن محبت ہماری چلی

لے جا اس کی دعائیں۔۔۔

آشا : میرا غم دل میں لے جا نشانی میری

اب کسی سے نہ کہنا کہانی میری

مجھ پہ گزری سو گزری مرا غم نہ کر

تیری الفت کے صدقے جوانی میری

لے جا اس کی دعائیں۔۔۔

رفیع : دل کی گلیاں نہ اب یاد آئیں تجھے

چھو کے گزریں نہ غم کی ہوائیں تجھے

میرا کیا میں اگر خاک بھی ہو گیا

میری مٹی بھی دے گی دعائیں تجھے

لے جا اس کی دعائیں۔۔۔

***

فلم : اشارہ

موسیقار : کلیان جی، آنند جی

آواز : مکیش

چل میرے دل لہرا کے چل، موسم بھی ہے، وعدہ بھی ہے

اس کی گلی کا فاصلہ، تھوڑا بھی ہے، زیادہ بھی ہے

چل میرے دل---

میں ہوں، راہی پیار کا راہی میری منزل پیار کی گلیاں

میں ہوں، راہی پیار کا راہی میری منزل پیار کی گلیاں

دل میں بسی ہے حسن کی صورت آنکھوں میں دل دار کی گلیاں

چل میرے دل...

اس کی چاہت اس کی تمنا ہو تو ہو بیکار کا سپنا

اس کی چاہت اس کی تمنا ہو تو ہو بیکار کا سپنا

گھر سے نکلنا یار سے ملنا یہ تو کاروبار رہے اپنا

گھر سے نکلنا یار سے ملنا یہ تو کاروبار رہے اپنا

چل میرے دل لہرا کے چل، موسم بھی ہے، وعدہ بھی ہے

اس کی گلی کا فاصلہ، تھوڑا بھی ہے، زیادہ بھی ہے

چل میرے دل...

***

فلم : جھمرو

موسیقار : کشور کمار

آواز : کشور کمار

ٹھنڈی ہوا یہ چاندنی سہانی

اے میرے دل سنا کوئی کہانی

لمبی سی ایک ڈگر ہے زندگانی

اے میرے دل سنا کوئی کہانی

سارے حسیں نظارے ، سپنوں میں کھو گئے

سر رکھ کے آسماں پہ ، پروت بھی سو گئے

میرے دل ، تو سنا ، کوئی ایسی داستاں

جس کو، سن کر، ملے چین مجھے میری جاں

منزل ہے ان جانی۔۔۔

ٹھنڈی ہوا یہ چاندنی سہانی

اے میرے دل سنا کوئی کہانی

ایسے میں چل رہا ہوں، پیڑوں کی چھاؤں میں

جیسے کوئی ستارا بادل کے گاؤں میں

میرے دل، تو سنا، کوئی ایسی داستاں

جس کو سن کر، ملے چین مجھے میری جاں

منزل ہے ان جانی۔۔۔

ٹھنڈی ہوا یہ چاندنی سہانی

اے میرے دل سنا کوئی کہانی

تھوڑی سی رات بیتی، تھوڑی سی رہ گئی

خاموش رت نہ جانے، کیا بات کہہ گئی

میرے دل، تو سنا، کوئی ایسی داستاں

جس کو سن کر، ملے چین مجھے میری جاں

منزل ہے ان جانی

ٹھنڈی ہوا یہ چاندنی سہانی

اے میرے دل سنا کوئی کہانی

لمبی سی ایک ڈگر ہے زندگانی

اے میرے دل سنا کوئی کہانی

***

فلم : کالی ٹوپی لال رومال

موسیقار : چترگپت

آواز : محمد رفیع

دیوانہ آدمی کو بناتی ہیں روٹیاں

دیوانہ آدمی کو بناتی ہیں روٹیاں

خود ناچتی ہیں سب کو نچاتی ہیں روٹیاں

خود ناچتی ہیں سب کو نچاتی ہیں روٹیاں

دیوانہ آدمی کو بناتی ہیں روٹیاں

بوڑھا چلائے ٹھیلے کو فاقوں سے جھول کے

بچہ اٹھائیں بوجھ کھلونوں کو بھول کے

بچہ اٹھائیں بوجھ کھلونوں کو بھول کے

دیکھا نہ جائے جو

دیکھا نہ جائے جو سود کھاتی ہیں روٹیاں

دیکھا نہ جائے جو سود کھاتی ہیں روٹیاں

دیوانہ آدمی کو بناتی ہیں روٹیاں

بیٹھی ہے جو چہرے پہ مل کے جگر کا خوں

دنیا برا کہے انہیں پر میں تو یہ کہوں

دنیا برا کہے انہیں پر میں تو یہ کہوں

کوٹھے پہ بیٹھ

کوٹھے پہ بیٹھ آنکھ لڑاتی ہیں روٹیاں

کوٹھے پہ بیٹھ آنکھ لڑاتی ہیں روٹیاں

دیوانہ آدمی کو بناتی ہیں روٹیاں

کہتا تھا اک فقیر کہ رکھنا ذرا نظر

روٹی کو آدمی ہی نہیں کھاتے بے خبر

روٹی کو آدمی ہی نہیں کھاتے بے خبر

اکثر تو آدمی کو

اکثر تو آدمی کو بھی کھاتی ہیں روٹیاں

دیوانہ آدمی کو بناتی ہیں روٹیاں

تجھ کو پتے کی بات بتاؤں میں جان من

کیوں چاند پر پہنچنے کی انساں کو ہے لگن

کیوں چاند پر پہنچنے کی انساں کو ہے لگن

انساں کو چاند میں

انساں کو چاند میں نظر آتی ہیں روٹیاں

انساں کو چاند میں نظر آتی ہیں روٹیاں

دیوانہ آدمی کو بناتی ہیں روٹیاں

***

فلم : لاجونتی

موسیقار : سچن دیو برمن

آواز : آشا بھوسلے

کوئی آیا دھڑکن کہتی ہے

کوئی آیا دھڑکن کہتی ہے

دھیرے سے پلکوں کی یہ گرتی اٹھتی چلمن کہتی ہے

دھیرے سے

دھیرے سے پلکوں کی یہ گرتی اٹھتی چلمن کہتی ہے

کوئی آیا دھڑکن کہتی ہے

ہونے لگیں کسی آہٹ کی پھلکاریاں

پروانے بن کے اڑیں دل کی چنگاریاں

جھوم گیا جھلملاتا جیا

کوئی آیا۔۔۔

کوئی آیا دھڑکن کہتی ہے

دھیرے سے پلکوں کی یہ گرتی اٹھتی چلمن کہتی ہے

کوئی آیا دھڑکن کہتی ہے

چاند ہنسا لے کے درپن مرے سامنے

گھبرا کے میں لٹ الجھی لگی تھامنے

چھیڑ گئی مجھے چنچل ہوا

کوئی آیا۔۔۔

کوئی آیا دھڑکن کہتی ہے

دھیرے سے پلکوں کی یہ گرتی اٹھتی چلمن کہتی ہے

کوئی آیا دھڑکن کہتی ہے

آ ہی گیا میٹھی میٹھی سی اُلجھن لئے

آ ہی گیا میٹھی میٹھی سی اُلجھن لئے

کھو سی گئی میں تو شرماتی چتون لئے

گورے بدن سے پسینہ بہا

کوئی آیا۔۔

کوئی آیا دھڑکن کہتی ہے

دھیرے سے پلکوں کی یہ گرتی اٹھتی چلمن کہتی ہے

کوئی آیا دھڑکن کہتی ہے

***

فلم : منزل

موسیقار : سچن دیو برمن

آواز : محمد رفیع ، گیتا دت

گیتا : چپکے سے ملے ، پیاسے پیاسے کچھ ہم کچھ تم

کچھ ہم کچھ تم

کچھ ہم کچھ تم

کیا ہو جو گھٹا برسے کھل کے رم جھم رم جھم

رم جھم رم جھم

رفیع : جھکتی ہوئی آنکھوں میں ہیں بے چین سے ارماں کئی

رکتی ہوئی سانسوں میں ہیں خاموش سے طوفاں کئی

مدھم، مدھم---

مدھم، مدھم---

ٹھنڈی ہوا کا شور ہے یا پیار کا سنگیت ہے

چتون تیری اک ساز ہے، دھڑکن مری اک گیت ہے

مدھم، مدھم---

مدھم، مدھم---

دونوں: چپکے سے ملے، پیاسے پیاسے کچھ ہم کچھ تم

کچھ ہم کچھ تم

کیا ہو جو گھٹا برسے کھل کے رم جھم رم جھم

رم جھم رم جھم

***

فلم : مایا

موسیقار : سلیل چودھری

آوازیں : محمد رفیع، لتا منگیشکر

لتا : تصویر تری دل میں، جس دن سے اتاری ہے

پھروں تجھے سنگ لے کے ، نئے نئے رنگ لے کے

سپنوں کی محفل میں---

تصویر تری دل میں---

رفیع : تصویر تری دل میں، جس دن سے اتاری ہے

پھروں تجھے سنگ لے کے ، نئے نئے رنگ لے کے

سپنوں کی محفل میں---

تصویر تری دل میں۔۔۔

لتا : ماتھے کی بندیا تو ہے صنم

ماتھے کی بندیا تو ہے صنم

نینوں کا کجرا پیا تیرا غم

نینوں کا کجرا پیا تیرا غم

نین کے نیچے نیچے، رہوں تیرے پیچھے پیچھے

چلوں کسی منزل میں۔۔۔

تصویر تری دل میں۔۔۔

رفیع : تم سے نظر جب گئی ہے مل

جہاں ہے قدم ترے وہیں میرا دل

تم سے نظر جب گئی ہے مل

جہاں ہے قدم ترے وہیں میرا دل

جھکیں جہاں پلکیں تری، کھُلیں جہاں زلفیں تری

رہوں اسی منزل میں۔۔۔

دونوں : تصویر تری دل میں، جس دن سے اتاری ہے۔۔۔

پھروں تجھے سنگ لے کے، نئے نئے رنگ لے کے

سپنوں کی محفل میں۔۔۔

تصویر تری دل میں۔۔۔

***

فلم : محبت اس کو کہتے ہیں

موسیقار : خیام

آوازیں : محمد رفیع، سمن کلیان پور

رفیع : ٹھہرئیے ہوش میں آلوں تو چلے جائیے گا

سمن : اوں --- ہوں ---

آپ کو دل میں بٹھا لوں تو چلے جائیے گا

سمن : اوں --- ہوں ---

رفیع : آپ کو دل میں بٹھا لوں ---

رفیع : کب تلک رہیے گا یوں دور کی چاہت بن کے

رفیع : کب تلک رہیے گا یوں دور کی چاہت بن کے

دل میں آ جائیے اقرار محبت بن کے

اپنی تقدیر بنا لوں تو چلے جائیے گا

سمن : اوں۔۔۔ ہوں۔۔۔

رفیع : آپ کو دل میں بٹھا لوں۔۔۔

سمن : مجھ کو اقرار محبت پہ حیا آتی ہے

مجھ کو اقرار محبت پہ حیا آتی ہے

بات کہتے ہوئے گردن مری جھک جاتی ہے

دیکھیے سر کو جھکا لوں تو چلے جائیے گا

رفیع : اوں۔۔۔ ہوں۔۔۔

سمن : دیکھیے سر کو جھکالوں تو چلے جائیے گا

رفیع : ہائے ، آپ کو دل میں بٹھالوں۔۔۔

رفیع : ایسی کیا شرم ذرا پاس تو آنے دیجے

ایسی کیا شرم ذرا پاس تو آنے دیجے

رخ سے بکھری ہوئی زلفیں تو ہٹانے دیجے

پیاس آنکھوں کی بجھالوں تو چلے جائیے گا

ٹھہریے ہوش میں آلوں تو چلے جائیے گا۔۔۔

***

فلم : نودوگیارہ

موسیقار : سچن دیو برمن

آواز : کشور کمار

ہم ہیں راہی پیار کے ، ہم سے کچھ نہ بولیے

ہم ہیں راہی پیار کے ، ہم سے کچھ نہ بولیے

جو بھی پیار سے ملا ، ہم اسی کے ہو لئے

جو بھی پیار سے ملا ، ہم اسی کے ہو لئے

ہم اسی کے ہو لئے

جو بھی پیار سے ملا ، ہم اسی کے ہو لئے

درد بھی ہمیں قبول، چین بھی ہمیں قبول

درد بھی ہمیں قبول، چین بھی ہمیں قبول

ہم نے ہر طرح کے پھول، ہار میں پرو لئے

ہم نے ہر طرح کے پھول، ہار میں پرو لئے

جو بھی پیار سے ملا، ہم اسی کے ہو لئے

ہم اسی کے ہو لئے

جو بھی پیار سے ملا، ہم اسی کے ہو لئے

دھوپ تھی نصیب میں، تو دھوپ میں لیا ہے دم

دھوپ تھی نصیب میں، تو دھوپ میں لیا ہے دم

چاندنی ملی تو ہم، چاندنی میں سو لئے

چاندنی ملی تو ہم، چاندنی میں سو لئے

جو بھی پیار سے ملا، ہم اسی کے ہو لئے

ہم اسی کے ہو لئے

جو بھی پیار سے ملا، ہم اسی کے ہو لئے

دل پہ آسرا کیے، ہم تو بس یونہیں جیے

دل پہ آسرا کیے، ہم تو بس یونہیں جیے

اک قدم پہ ہنس لئے، اک قدم پہ رو لئے

اک قدم پہ ہنس لئے، اک قدم پہ رو لئے

جو بھی پیار سے ملا، ہم اسی کے ہو لئے

ہم اسی کے ہو لئے

جو بھی پیار سے ملا، ہم اسی کے ہو لئے

راہ میں پڑیں ہیں ہم، کب سے آپ کی قسم

راہ میں پڑیں ہیں ہم، کب سے آپ کی قسم

دیکھیے تو کم سے کم، بولیے نہ بولیے

دیکھیے تو کم سے کم، بولیے نہ بولیے

جو بھی پیار سے ملا، ہم اسی کے ہو لئے

ہم اسی کے ہو لئے

جو بھی پیار سے ملا، ہم اسی کے ہو لئے

ہم ہیں راہی پیار کے، ہم سے کچھ نہ بولیے

جو بھی پیار سے ملا، ہم اسی کے ہو لئے

***

آوازیں : محمد رفیع، آشا بھوسلے

رفیع : ہوو۔ ۔ ۔ آ جا پنچھی اکیلا ہے

آشا : ہو۔ ۔ ۔ ۔ سو جا ندیا کی بیلا ہے

سو جا ندیا کی بیلا ہے

رفیع : ہوو۔ ۔ ۔ آ جا پنچھی اکیلا ہے

رفیع : اڑ گئی نیند یہاں میرے نین سے

آشا : بس کرو یونہی پڑے رہو چین سے

بس کرو یونہی پڑے رہو چین سے

رفیع : لاگے رے ڈر موہے لاگے رے

آشا : ہوو۔۔۔ یہ کیا ڈرنے کی بیلا ہے

ر : ہو۔۔۔ آجا پنچھی اکیلا ہے۔۔۔

رفیع : اوہو کتنی گھٹی سی ہے یہ فضا

آشا : آہا کتنی سہانی ہے یہ ہوا

آہا کتنی سہانی ہے یہ ہوا

رفیع : مر گئے ہم نکلا دم مر گئے ہم

آشا : موسم کتنا البیلا ہے

ر : ہوو۔۔۔ آجا پنچھی اکیلا ہے۔۔۔

رفیع : بن ترے کیسی اندھیری یہ رات ہے

آشا : دل مرا دھڑکن مری تیرے ساتھ ہے

دل مرا دھڑکن مری تیرے ساتھ ہے

رفیع : تنہا ہے پھر بھی دل تنہا ہے

آشا : لاگا سپنوں کا میلہ ہے

رفیعر : ہو۔ ۔ ۔ آجا پنچھی اکیلا ہے

***

فلم : اونچے لوگ

موسیقار : چترگپت

آواز : محمد رفیع

جاگ دل دیوانہ رت جاگی وصل یار کی

بسی ہوئی زلف میں آئی ہے صبا پیار کی

بسی ہوئی زلف میں آئی ہے صبا پیار کی

جاگ دل دیوانہ ۔ ۔ ۔

دو دل کے کچھ لے کے پیام آئی ہے

چاہت کے کچھ لے کے سلام آئی ہے

دو دل کے کچھ لے کے پیام آئی ہے

چاہت کے کچھ لے کے سلام آئی ہے

در پہ تیرے صبح کھڑی ہوئی ہے دیدار کی

جاگ دل دیوانہ۔۔۔

ایک پری کچھ شاد سی ناشاد سی

بیٹھی ہوئی شبنم میں تیری یاد سی

ایک پری کچھ شاد سی ناشاد سی

بیٹھی ہوئی شبنم میں تیری یاد سی

بھیگ رہی ہوگی کہیں کلی سی گلزار کی

جاگ دل دیوانہ رت جاگی وصل یار کی

بسی ہوئی زلف میں آئی ہے صبا پیار کی

جاگ دل دیوانہ

***

فلم : میرے ہمدم میرے دوست

موسیقار : لکشمی کانت، پیارے لال

آواز : محمد رفیع

ہوئی شام ان کا خیال آ گیا

وہی زندگی کا سوال آ گیا

ہوئی شام ان کا خیال آ گیا

ابھی تک تو ہونٹوں پہ تھا تبسم کا ایک سلسلہ

بہت شادماں تھے ہم ان کو بھلا کر

اچانک یہ کیا ہو گیا

کہ چہرے پہ رنگ ملال آگیا۔۔۔

ہوئی شام ان کا خیال آگیا

ہمیں تو یہی تھا غرور غم یار ہے ہم سے دور

وہی غم جسے ہم نے کس کس جتن سے

نکالا تھا اس دل سے دور

وہ چل کر قیامت کی چال آگیا

ہوئی شام ان کا خیال آگیا

***

آواز : محمد رفیع

چھلکائیں جام آ ئیے آپ کی آنکھوں کے نام

ہونٹوں کے نام

چھلکائیں جام۔۔۔

پھول جیسے تن کے جلوے، یہ رنگ و بو کے

یہ رنگ و بو کے

آج جام مے اٹھے، ان ہونٹوں کو چھو کے

ان ہونٹوں کو چھو کے

لچکا ئیے شاخِ بدن، لہرا ئیے زلفوں کی شام

زلفوں کی شام

چھلکائیں جام---

آپ کا ہی نام لے کر، پی ہے سبھی نے

پی ہے سبھی نے

آپ پر دھڑک رہے ہیں، پیالوں کے سینے

پیالوں کے سینے

یہاں اجنبی کوئی نہیں، یہ ہے آپ کی محفل تمام

محفل تمام

چھلکائیں جام---

کون ہر کسی کی بانہیں، بانہوں میں ڈال لے

بانہوں میں ڈال لے

جو نظر کو شاخ لائے، وہ ہی سنبھال لے

وہ ہی سنبھال لے

دنیا کو ہو اوروں کی دھن، ہم کو تو ہے ساقی سے کام

ساقی سے کام

چھلکائیں جام

***

فلم : اوپیرا ہاؤس

موسیقار : چترگپت

آوازیں : مکیش، لتا منگیشکر

مکیش : دیکھو موسم

لتا : کیا بہار ہے

مکیش : سارا عالم

لتا : بے قرار ہے

مکیش : ایسے میں کیوں ہم

لے تا : دیوانے ہو جائیں نا

لتا : چھلکی چھلکی

مکیش : چاندنی بھی ہے

لتا : ہلکی ہلکی

مکیش : بے خودی بھی ہے

لتا : ایسے میں کیوں ہم

مکیش : یہیں پر کھو جائیں نا

لتا : گاتی سی ہر سانس میں بجتی سی شہنائیاں

مکیش : سایا دل پہ ڈالتی تاروں کی پرچھائیاں

لتا : جھانکے چندا

مکیش : آسمان سے

لتا : چھیڑے ہم کو

مکیش : جان جان کے

ل : ایسے میں کیوں ہم---

مکیش : دوانے ہوجائیں نا---

مکیش : دریا کی ہر موج میں ارمانوں کا زور ہے

لتا : دل والوں کے گیت کا لہکا لہکا شور ہے

مکیش : لہریں ڈولیں

لتاس : جھوم جھوم کے

مکیش : ساحل کا منہ

لتا : چوم چوم کے

مکیش : ایسے میں کیوں ہم

لتا : دوانے ہو جائیں نا۔۔۔

مکیش : دیکھو موسم

لتا : کیا بہار ہے

مکیش : سارا عالم

لتا : بے قرار ہے

مکیش : ایسے میں کیوں ہم

لتا : دیوانے ہو جائیں نا

***

فلم : پاکیزہ

موسیقار : غلام محمد

آواز : لتا منگیشکر

چاندنی رات بڑی دیر کے بعد آئی ہے

یہ ملاقات بڑی دیر کے بعد آئی ہے

آج کی رات وہ آئے ہیں بڑی دیر کے بعد

آج کی رات بڑی دیر کے بعد آئی ہے

ٹھاڑے رہیواو بانکے یارر ے ٹھاڑے رہیو

ٹھاڑے رہیو

ٹھاڑے رہیو

ٹھاڑے رہیو

ٹھہرو لگائی آؤں، نینوں میں کجرا

ٹھہرو لگائی آؤں، نینوں میں کجرا

چوٹی میں گوندھ لاؤں پھولوں کا گجرا

میں تو کر آؤں سولہ سنگھار رے

میں تو کر آؤں سولہ سنگھار رے

میں تو کر آؤں سولہ سنگھار رے

ٹھاڑے رہیو۔۔۔

دھانی۔۔۔۔۔۔۔۔

دھانا دھا۔۔۔۔

جاگے نہ کوئی، رینا ہے تھوڑی

بولے چھما چھم پائل نگوڑی۔۔۔ بولے

نگوڑی۔۔۔ بولے۔۔۔

اجی دھیرے سے کھولوں گی دوار رے

سیاں دھیرے سے کھولوں گی دوار رے

میں تو چپکے سے

اجی ہولے سے کھولوں گی دوار رے

ٹھاڑے رہیو

***

فلم : پھر وہی دل لایا ہوں

موسیقار : او۔پی۔ نیر

آواز : محمد رفیع

آنچل میں سجا لینا کلیاں ، زلفوں میں ستارے بھر لینا

آنچل میں سجا لینا کلیاں ، زلفوں میں ستارے بھر لینا

ایسے ہی کبھی جب شام ڈھلے ، تب یاد ہمیں بھی کر لینا

آنچل میں سجا لینا کلیاں۔۔۔

آیا تھا یہاں بیگانہ سا

آیا تھا یہاں بیگانہ سا ، چل دوں گا کہیں دیوانہ سا

چل دوں گا کہیں دیوانہ سا

دیوانے کی خاطر تم کوئی، الزام نہ اپنے سر لینا

ایسے ہی کبھی جب شام ڈھلے، تب یاد ہمیں بھی کر لینا

آنچل میں سجا لینا کلیاں۔۔۔

رستا جو ملے انجان کوئی

رستا جو ملے انجان کوئی، آجائے اگر طوفان کوئی

آجائے اگر طوفان کوئی

اپنے کو اکیلا جان کے تم

آنکھوں میں نہ آنسو بھر لینا

ایسے ہی کبھی جب شام ڈھلے، تب یاد ہمیں بھی کر لینا

آنچل میں سجا لینا کلیاں۔۔۔

***

آواز : آشا بھوسلے

آہاہاہاہا۔ آاا، آاآااا

آنکھوں سے جو اتری ہے دل میں

تصویر ہے ایک انجانے کی

خود ڈھونڈھ رہی ہے شمع جسے

کیا بات ہے اس پروانے کی

آنکھوں سے جو اتری ہے دل میں۔۔۔

وہ اس کے لبوں پر شوخ ہنسی

رنگین شرارت آنکھوں میں

سانسوں میں محبت کی خوشبو

وہ پیار کی دھڑکن باتوں میں

دنیا میری۔۔۔بدل گئی

بن کے گھٹا نکل گئی

توبہ وہ نظر مستانے کی

خود ڈھونڈھ رہی ہے شمع جسے

کیا بات ہے اس پروانے کی

آنکھوں سے جو اتری ہے دل میں۔۔۔

انداز وہ اس کے آنے کا

چپکے سے بہار آئے جیسے

کہنے کو گھڑی بھر ساتھ رہا

پر عمر گزار آئے جیسے

ان کے بنا۔۔۔ رہوں گی نہیں

قسمت سے اب جو کہیں مل جائے خبر دیوانے کی

خود ڈھونڈھ رہی ہے شمع جسے

کیا بات ہے اس پروانے کی

آنکھوں سے جو اتری ہے دل میں

***

فلم : ساتھی

موسیقار : نوشاد

آواز : مکیش، لتا منگیشکر

مکیش : میرا پیار بھی تو ہے یہ بہار بھی تو ہے

تو ہی نظروں میں جان تمنا، تو ہی نظاروں میں

تو ہی نظاروں میں

میرا پیار بھی تو ہے یہ بہار بھی تو ہے

تو ہی تو میرا نیل گگن ہے

پیار سے روشن آنکھ اٹھائے

اور گھٹا کے روپ میں تو ہے

کاندھے پہ میرے سر کو جھکائے

مجھ پہ لٹیں بکھیرے

میرا پیار بھی تو ہے یہ بہار بھی تو ہے

تو ہی نظروں میں جانِ تمنا، تو ہی نظاروں میں

تو ہی نظاروں میں

لتا : منزل میرے دل کی وہی ہے

سایہ جہاں دل دار ہے تیرا

پربت پربت تیری باہیں

گلشن گلشن پیار ہے تیرا

مہکے ہے آنچل میرا

میرا پیار بھی تو ہے یہ بہار بھی تو ہے

تو ہی نظروں میں جان تمنا، تو ہی نظاروں میں

تو ہی نظاروں میں

مکیش : جاگی نظر کا خواب ہے جیسے

دیکھ ملن کا دن یہ سہانا

آنکھ تو میرے جلووں میں گم ہے

دیکھوں تجھے یا دیکھوں زمانا

بے خود ہے دیوانا

میرا پیار بھی تو ہے یہ بہار بھی تو ہے

تو ہی نظروں میں جان تمنا، تو ہی نظاروں میں

تو ہی نظاروں میں

میں ہوں، اکیلا کب سے مگر تو

آج بھی میرے ساتھ ہو جیسے

یاد میں تیری یوں بھی ہوا ہے

ہاتھ میں تیرا ہاتھ ہو جیسے

بھول سکوں تو کیسے

میرا پیار بھی تو ہے یہ بہار بھی تو ہے

تو ہی نظروں میں جان تمنا، تو ہی نظاروں میں

تو ہی نظاروں میں

***

فلم : شاہجہاں

موسیقار : نوشاد

آواز : کندل لال سہگل

غم دیئے مستقل، اتنا نازک ہے دل، یہ نہ جانا

ہائے ہائے یہ ظالم زمانا

دے اٹھے داغ لوان سے اے ماہِ نو کہہ سنانا

ہائے ہائے یہ ظالم زمانا

دل کے ہاتھوں سے دامن چھڑا کر

غم کی نظروں سے نظریں بچا کر

دل کے ہاتھوں سے دامن چھڑا کر

غم کی نظروں سے نظریں بچا کر

اٹھ کے وہ چل دیئے، کہتے ہی رہ گئے ہم فسانہ

ہائے ہائے یہ ظالم زمانا

کوئی میری یہ روداد دیکھے

یہ محبت کی بیداد دیکھے

کوئی میری یہ روداد دیکھے

یہ محبت کی بیداد دیکھے

پھنک رہا ہے جگر، پڑ رہا ہے مگر مسکرانا

ہائے ہائے یہ ظالم زمانا

غم دیئے مستقل، اتنا نازک ہے دل، یہ نہ جانا

ہائے ہائے یہ ظالم زمانا

***

فلم : سولھواں سال

موسیقار : سچن دیو برمن

آواز : ہیمنت کمار

ہے اپنا دل تو آوارہ، نہ جانے کس پہ آئے گا

ہے اپنا دل تو آوارہ، نہ جانے کس پہ آئے گا

حسینوں نے بلایا، گلے سے بھی لگایا

بہت سمجھایا، یہی نہ سمجھا

بہت بھولا ہے بیچارہ، نہ جانے کس پہ آئے گا

ہے اپنا دل تو آوارہ، نہ جانے کس پہ آئے گا

عجب ہے دیوانہ، نہ گھر نہ ٹھکانا

زمیں سے بیگانہ، فلک سے جدا

یہ ایک ٹوٹا ہوا تارہ، نہ جانے کس پہ آئے گا

ہے اپنا دل تو آوارہ، نہ جانے کس پہ آئے گا

زمانا دیکھا سارا، ہے سب کا سہارا

یہ دل ہی ہمارا، ہوا نہ کسی کا

سفر میں ہے یہ بنجارہ، نہ جانے کس پہ آئے گا

ہے اپنا دل تو آوارہ، نہ جانے کس پہ آئے گا

ہوا جو کبھی راضی، تو ملا نہیں قاضی

جہاں پہ لگی بازی، وہیں پہ ہارا

زمانہ بھر کا ناکارہ، نہ جانے کس پہ آئے گا

ہے اپنا دل تو آوارہ، نہ جانے کس پہ آئے گا

رکے گا نہ رکا ہے نہ جانے دھن ہی کیا ہے

کبھی یہ رستہ ہے کبھی وہ رستہ

رکے گا نہ رکا ہے نہ جانے دھن ہی کیا ہے

کبھی یہ رستہ ہے کبھی وہ رستہ

پھرے ہے دربدر مارا نہ جانے کس پہ آئے گا

ہے اپنا دل تو آوارہ، نہ جانے کس پہ آئے گا

کسی سے یہ ملا تھا بتائے کوئی کیا تھا

بیداری کا سما تھا کے تھا وہ سپنا)-۲

خود اپنے درد سے ہارا

نہ جانے کس پہ آئے گا

ہے اپنا دل تو آوارہ، نہ جانے کس پہ آئے گا

***

فلم : تیرے گھر کے سامنے

موسیقار : سچن دیو برمن

آواز : محمد رفیع

دل کا بھنور کرے پکار

پیار کا راگ سنو، پیار کا راگ سنو رے

ہو ہو ہو۔۔

پھول تم گلاب کا

کیا جواب آپ کا

جو ادا وہ بہار ہے

آج دل کی بیکلی، آ گئی زبان پر

بات یہ ہے تم سے پیار ہے

دل تمہیں کو دیا رے

پیار کا راگ سنو رے۔۔۔

دل کا بھنور کرے پکار

پیار کا راگ سنو، پیار کا راگ سنو رے

ہو ہو ہو۔۔

چاہے تم مٹانا، پر نہ تم گرانا

آنسو کی طرح نگاہ سے

پیار کی انچائی

عشق کی گہرائی

پوچھ لو ہماری آہ سے

آسماں چھو لیا رے

پیار کا راگ سنو رے

دل کا بھنور کرے پکار

پیار کا راگ سنو، پیار کا راگ سنو رے

ہو ہو ہو۔۔

اس حسین اتار پہ ہم نہ بیٹھے ہار کے

سایا بن کے ساتھ ہم چلے

آج میرے سنگ تو گونجے دل کی آرزو

تجھ سے میری آنکھ جب ملے

جانے کیا کر دیا رے

دل کا بھنور کرے پکار

پیار کا راگ سنو، پیار کا راگ سنو رے

ہو ہو ہو۔۔

آپ کا یہ آنچل، پیار کا یہ بادل

پھر ہمیں زمیں پہ لے چلا

اب تو ہاتھ تھام لو، اک نظر کا جام دو

اس نئے سفر کا واسطہ

تم میرے ساتھیا رے

پیار کا راگ سنورے،

ہوہوہو۔۔۔۔

***

فلم : تلاش

موسیقار : سچن دیو برمن

آوازیں : لتا منگیشکر، محمد رفیع

رفیع : پلکوں کے پیچھے سے کیا تم نے کہہ ڈالا

پھر سے تو فرمانا

لتا : نینوں نے سپنوں کی محفل سجائی ہے تم بھی ضرور آنا

رفیع : ہو ہو ہو

پلکوں کے پیچھے سے کیا تم نے کہہ ڈالا

پھر سے تو فرمانا

رفیع : توبہ مری توبہ

مشکل تھا ایک تو پہلے ہی دل کا بہلنا

آفت پھر اس پہ لٹ میں تمہارا

مکھڑا چھپا کے چلنا

توبہ مری توبہ

مشکل تھا ایک تو پہلے ہی دل کا بہلنا

آفت پھر اس پہ لٹ میں تمہارا

مکھڑا چھپا کے چلنا

لتا : ایسے نہ بولو پڑ جائے مجھ کو، شرمانا

رفیع : پلکوں کے پیچھے سے کیا تم نے کہہ ڈالا

پھر سے تو فرمانا

لتا : دنیا نہ دیکھے دھڑکے میرا من رستا سجن میرا چھوڑو

تن تھر تھرائے انگلی ہماری دیکھو پیا نہ مروڑو

دنیا نہ دیکھے دھڑکے میرا من رستا سجن میرا چھوڑو

تن تھر تھرائے انگلی ہماری دیکھو پیا نہ مروڑو

رفیع : یوں نہ ستاؤ مجھ کو بنا کے ، دیوانہ

پلکوں کے پیچھے سے کیا تم نے کہہ ڈالا

پھر سے تو فرمانا

رفیع : بچ بچ کے ہم سے او متوالی ہے یہ کہاں کا ارادہ

نازک لبوں سے پھر کرتی جاؤ

ملنے کا کوئی وعدہ

بچ بچ کے ہم سے او متوالی ہے یہ کہاں کا ارادہ

نازک لبوں سے پھر کرتی جاؤ

ملنے کا کوئی وعدہ

لتا : دل یہ میرا گھر ہے تمہارا، آجانا

رفیع : پلکوں کے پیچھے سے کیا تم نے کہہ ڈالا

پھر سے تو فرمانا

لتا : نینوں نے سپنوں کی محفل سجائی ہے تم بھی ضرور آنا

رفیع : ہو ہو ہو

پلکوں کے پیچھے سے کیا تم نے کہہ ڈالا

پھر سے تو فرمانا

***

فلم : ابھیمان

آواز : محمد رفیع، لتا منگیشکر

موسیقار : سچن دیو برمن

رفیع : ہوں ہوں ہوں

او۔۔۔اواواو۔۔۔۔

تری بندیا رے

رے آئے ہائے

تری بندیا رے

تری بندیا رے

رے آئے ہائے

لتا : سجن بندیا لے لے گی تری نندیا

رفیع : رے آئے ہائے

تری بندیا رے

رفیع : ترے ماتھے لگے ہیں یوں ، جیسے چندا تارہ

جیا میں چمکے کبھی کبھی تو، جیسے کوئی انگارا

ترے ماتھے لگے ہیں یوں

لتا : سجن نندیا۔۔۔

سجن نندیا لے گی لے لے گی لے لے گی

مری بندیا

رفیع : رے آئے ہائے

ترا جھمکا رے

رے آئے ہائے

ترا جھمکا رے

لتا : چین لینے نہ دے گا سجن تم کا

رے آئے ہائے مرا جھمکا رے

لتا : میرا گہنا بلم تو، تو سے سج کے ڈولوں

بھٹکتے ہیں ترے ہی نینا، میں تو کچھ نا بولوں

میرا گہنا بلم تو

رفیع : تو پھر یہ کیا بولے ہے بولے ہے بولے ہے

ترا کنگنا

لتا : رے آئے ہائے

مرا کنگنا رے

بولے رے اب تو چھوٹے نہ ترا انگنا

رفیع : رے آئے ہائے

ترا کنگنا رے

رفیع : تو آئی ہے سجنیا، جب سے میری بن کے

ٹھمک ٹھمک چلے ہے جب تو، میری نس نس کھنکے

تو آئی ہے سجنیا

لتا : سجن اب تو

سجن اب تو چھوٹے نا چھوٹے نا چھوٹے نا

ترا انگنا

رفیع : رے آئے ہائے

ترا کنگنا رے

لتا : سجن اب تو چھوٹے نا ترا انگنا

رے آئے ہائے

ترا انگنا رے

***

آواز: کشور کمار

میت نہ ملا رے من کا

میت نہ ملا رے من کا

کوئی تو ملن کا

کوئی تو ملن کا، کرو رے اپائے

میت نہ ملا رے من کا

میت نہ۔۔۔

چین نہیں باہر، چین نہیں گھر میں

من میرا دھرتی پر، اور کبھی انبر میں

اس کو ڈھونڈھا، ہر ڈگر میں، ہر نگر میں

گلی گلی دیکھا نین اٹھائے

میت نہ ملا رے من کا

میت نہ۔۔۔

روز میں اپنے ہی، پیار کو سمجھاؤں

وہ نہیں آئے گا، مان نہیں پاؤں

شام ہی سے پریم دیپک، میں جلاؤں

پھر وہی دیپک، دوں میں بجھائے

میت نہ۔۔۔

دیر سے من میرا، آس لئے ڈولے

پریت بھری بانی، راگ مرا بولے

کوئی سجنی، ایک کھڑکی بھی نہ کھولے

لاکھ ترانے، کہا میں سنائے

میت نہ۔۔۔

***

فلم : دائرہ

موسیقار : جمال سین

آواز : طلعت محمود

آنسو تو نہیں ہیں آنکھوں میں

پہلو میں مگر دل جلتا ہے ، دل جلتا ہے

بوندوں پہ لہو ہے حسرت کا

جگر پر آرا سا چلتا ہے ، دل جلتا ہے

دل جلتا ہے

جاگ اٹھتا ہے جب غم کیا کہیئے

اس وقت کا عالم کیا کہیئے

جس رات گئے دھیرے دھیرے

جب کوئی کلیجہ ملتا ہے، دل جلتا ہے

دل جلتا ہے

اے دردِ جگر یہ بات ہے کیا

یہ آپ ہی اپنی رات ہے کیا

ہوتی ہے کسک ہر دھڑکن میں

ہر سانس لئے خنجر چلتا ہے، دل جلتا ہے

دل جلتا ہے

ہم ہار گئے ہیں تیرے غم سے

دیکھا ہی نہیں جاتا ہم سے

جلتا ہے پتنگا جب کوئی

اور شمع کا آنسو ڈھلتا ہے، دل جلتا ہے

دل جلتا ہے

***

فلم : انوکھی ادا

موسیقار : لکشمی کانت پیارے لال

آواز : کشور کمار

حال کیا ہے دلوں کا نہ پوچھو صنم آپ کا مسکرانا غضب ڈھا گیا

اک تو محفل تمہاری حسیں کم نہ تھی ، اس پہ میرا ترانا غضب ڈھا گیا

حال کیا ہے دلوں کا۔۔۔۔۔۔۔۔

اب تو لہرایا مستی بھری چھاؤں میں

باندھ لو چاہے گھنگھرو میرے پاؤں میں

میں بہکتا نہیں تھا مگر کیا کروں ، آج موسم سہانا غضب ڈھا گیا

حال کیا ہے دلوں کا۔۔۔۔۔۔۔۔

ہر نظر اٹھ رہی ہے تمہاری طرف

اور تمہاری نظر ہے ہماری طرف

آنکھ اٹھانا تمہارا تو پھر ٹھیک تھا، آنکھ اٹھا کر، جھکانا غضب ڈھا گیا

حال کیا ہے دلوں کا۔۔۔۔۔۔۔۔

مست آنکھوں کا جادو جو شامل ہوا

میرا گانا بھی سننے کے قابل ہوا

جس کو دیکھو وہی آج بے ہوش ہے، آج تو میں دیوانہ غضب ڈھا گیا

حال کیا ہے دلوں کا۔۔۔۔۔۔۔۔

***

فلم : مسافر خانہ

موسیقار : او۔پی۔ نیر

آواز : آشا بھوسلے

ذرا سی بات کا حضور نے افسانہ کر دیا

ایسے روٹھے ہو جی سے کہ دیوانہ کر دیا

مکھ سے نہ بولی، میں تو یوں ہی ذرا بن کے

اتنی سی بات پہ جی چل دیئے تن کے

بس اتنی بات کا حضور نے افسانہ کر دیا

ایسے روٹھے ہو۔۔۔

پیار میں تیرے ایسے جیا مورا دھڑکے

کہنی پڑی ہے دل کی بات نظر سے

نظر کی بات کا، حضور نے افسانہ کر دیا

ایسے روٹھے ہو۔۔۔

جب سے لگائی تورے پیار کی بندیا

چین دنوں کا کھویا، راتوں کی نندیا

مرے دن رات کا حضور نے افسانہ کر دیا

ایسے روٹھے ہو

***